应用型本科系列规划教材

事故车辆鉴定评估与保险理赔

主　编　赵炜华
副主编　刘旭娟　余　曼

西北工业大学出版社

西安

【内容简介】 本书是基于工程教育专业认证背景下,应用型本科汽车服务工程专业中汽车保险方向课程教学的需求,基于保险公司汽车理赔人员知识结构和素质要求,综合多专业内容编写的。内容包括交通安全法规、车辆安全技术标准、汽车事故查勘步骤与程序、车辆事故与损伤形式、汽车事故损失评估与定损,以及实际工作中必须具备的汽车保险中的基本流程与业务知识等内容。

本书可作为高等院校汽车服务工程专业的教材,也可供保险公司车辆事故处置人员参考。

图书在版编目(CIP)数据

事故车辆鉴定评估与保险理赔 / 赵炜华主编. — 西安:西北工业大学出版社,2020.12
ISBN 978-7-5612-7367-8

Ⅰ. ①事… Ⅱ. ①赵… Ⅲ. ①汽车保险-理赔-中国-高等学校-教材 Ⅳ. ①F842.63

中国版本图书馆 CIP 数据核字(2020)第 233084 号

SHIGU CHELIANG JIANDING PINGGU YU BAOXIAN LIPEI
事 故 车 辆 鉴 定 评 估 与 保 险 理 赔

责任编辑:万灵芝	策划编辑:蒋民昌
责任校对:朱晓娟	装帧设计:李 飞

出版发行:西北工业大学出版社
通信地址:西安市友谊西路 127 号 邮编:710072
电 话:(029)88491757,88493844
网 址:www.nwpup.com
印 刷 者:陕西金德佳印务有限公司
开 本:787 mm×1 092 mm 1/16
印 张:10
字 数:262 千字
版 次:2020 年 12 月第 1 版 2020 年 12 月第 1 次印刷
定 价:36.00 元

如有印装问题请与出版社联系调换

前言

为进一步深化应用型本科高等教育的教学要求,促进应用型人才的培养工作,提升学生的实践能力和创新能力,提高应用型本科教材的建设和管理水平,西安航空学院与国内其他高校、科研院所、企业进行了深入探讨和研究,编写了"应用型本科系列规划教材",包括《事故车辆鉴定评估与保险理赔》共计30种。本系列教材的出版,将对基于生产实际、符合市场人才的培养工作起到积极的促进作用。

工程教育专业认证的核心就是要确认工科专业毕业生达到行业认可的既定质量标准要求,是一种以培养目标和毕业出口要求为导向的合格性评价。在该背景下,高等教育的供给方式和供给内容都需要进行系列改革,而教材将是其中的重要一环。在我国的高等教育体系中,应用型本科高校占比较大。应用型本科高校是指以应用技术类型为办学定位,而不是以学术型为办学定位的普通本科院校。但在我国的教材供应体系中,针对应用型本科教育的教材较少,大多是基于学科知识系统性而编写的教材。汽车服务工程专业培养既具有扎实的汽车工程技术知识、汽车服务工程知识,又具有汽车营销、汽车保险与理赔、汽车评估等方面的基本技能,能从事汽车检测、汽车维修与保养、汽车贸易、汽车运输技术与管理等方面的高级应用型人才。

在上述背景和定位下,学生课程学习的课时数将大大缩减,将给予学生更多思考和研究的空间。在现行的本科教育中,很多课程都是按照课程专业知识的学科逻辑,强调知识内容的连贯性和系统性,导致每门课程都很重要,都需要很多时间进行讲授。课时数的缩减与知识传授中的系统性之间存在的冲突难以协调,其根本原因在于长期以来的课程设置逻辑并没有适应工程教育专业认证需要。最终,体现在教材的编写上都是强调各自知识系统的学科系统性,而较少考虑使用对象的需求。因此,笔者在教材的编写上进行了创新和尝试。

本书以职业岗位能力的培养为目标,按照职业岗位中所必需的知识进行细分,将多个学科中的内容按照职业岗位中的技术进行重组,强调教材知识与职业岗位的契合度。本书以汽车服务工程专业中学生在保险行业工作时的核心竞争力为标准,将从业人员所必须具备的专业知识综合在一起。考虑到学生课程设置特点,将各类知识体系中已经具有的基础知识进行剔除,减少不同课程之间内容的重叠和教材篇幅。这种变化所带来的新问题是原有的学科知识虽貌似严谨程度低,但对于使用本书的教师和学生来说,却更加精练。

本书由西安航空学院赵炜华主编,刘旭娟与余曼任副主编。西安航空学院车辆工程学院吴玲、张俊溪、杨凯茜、李郁菡、王栋、李亭、燕姣、张永辉、熊沂铖等从事一线教学的教师,以及山西警察学院交通管理系讲师杨忠来,永安保险公司车险部人员,陕西中金司法鉴定中心事故鉴定人员等,按照商定思路,精心组织内容,共同参与编写工作。在编写过程中,车辆工程学院秦芃针对学生组织了问卷调查与分析,王小军、赵叶、辛启蒙等多名学生提供了文字编辑帮助,西安航空学院的领导和同事们给出了很多建议和指导,永安保险公司车险部提供了部分基础资料,陕西中金司法鉴定中心提供了部分事故鉴定案例,在此一并表示感谢。

在编写本书的过程中,笔者参考了许多资料,在此向相关作者表示感谢。

由于水平有限,书中难免有不当之处,敬请读者批评指导。

编　者

2020年6月

目 录

第 1 章 《道路交通安全法》节选	1
1.1 总则	1
1.2 车辆和驾驶人	1
1.3 道路通行条件	2
1.4 道路通行规定	3
1.5 交通事故处理	5
1.6 执法监督	6
1.7 法律责任	7
1.8 附则	8
作业与思考	8
第 2 章 车辆安全技术标准节选	9
2.1 范围	9
2.2 规范性引用文件	9
2.3 术语和定义	11
2.4 整车	16
2.5 发动机和驱动电机	26
2.6 转向系	26
2.7 制动系	27
2.8 照明、信号装置和其他电气设备	35
2.9 行驶系	41
2.10 传动系	42
2.11 车身	43
作业与思考	46
第 3 章 汽车事故查勘步骤与程序	47
3.1 现场查勘概述	47

	3.2 现场查勘准备与要求	49
	3.3 事故现场查勘方法与步骤	50
	作业与思考	58

第 4 章 车辆事故与损伤形式 59

	4.1 常见的碰撞类型	59
	4.2 碰撞损坏分析	63
	4.3 车辆其他主要部件的损伤形式	73
	4.4 火灾、水灾和故意损坏	79
	作业与思考	79

第 5 章 汽车事故损失评估与定损 80

	5.1 财产损失与人伤定损	80
	5.2 车辆损失定损	85
	作业与思考	115

第 6 章 汽车保险概述 116

	6.1 汽车保险的基本概念	116
	6.2 汽车保险的种类和保险条款	117
	6.3 我国机动车商业保险条款	120
	6.4 机动车保险案件的处理流程	121
	作业与思考	125

第 7 章 理算核赔与结案 126

	7.1 理赔的意义、特点与原则	126
	7.2 理赔流程	128
	7.3 理算与赔偿计算	130
	7.4 施救费用	132
	7.5 赔款理算	133
	7.6 缮制赔款计算书	137
	7.7 核赔	137
	7.8 结案处理	139
	作业与思考	139

第 8 章 汽车保险欺诈及其鉴别 140

	8.1 汽车保险欺诈的概念与成因	140
	8.2 汽车保险欺诈的常见表现形式及特征	141

8.3 汽车保险欺诈的识别 …………………………………………………… 144
8.4 出险现场常见现象及询问要点 ………………………………………… 145
8.5 汽车保险欺诈的预防 …………………………………………………… 149
作业与思考 ……………………………………………………………………… 151

参考文献 ……………………………………………………………………………… 152

第1章 《道路交通安全法》节选

学习重点
1. 掌握《中华人民共和国道路交通安全法》中关于驾驶安全的基本规定。
2. 掌握不属于保险赔偿范围的安全驾驶行为所引起事故的区分边界。
3. 掌握人、车、路系统中与安全有关的因素,为事故查勘中甄别是否违法在先提供框架。
4. 掌握交通警察的工作流程,为获取事故资料奠定基础。

道路交通安全是人、车、路、环境相互协调运行的系统。机动车驾驶人在道路上行驶时,必须在法律法规许可范围内按照驾驶人意图控制车辆在路上行驶,这是行车安全的先决条件,也是交通事故鉴定与理赔的首要因素。法律法规随着社会发展而不断完善,但基本框架和要求变化不大。《中华人民共和国道路交通安全法》(简称《道路交通安全法》)是道路交通安全管理中的根本遵循,鉴于资料获取的方便性及事故鉴定和理赔的直接相关性,将部分内容节选如下。

1.1 总则

第一条 为了维护道路交通秩序,预防和减少交通事故,保护人身安全,保护公民、法人和其他组织的财产安全及其他合法权益,提高通行效率,制定本法。

第二条 中华人民共和国境内的车辆驾驶人、行人、乘车人以及与道路交通活动有关的单位和个人,都应当遵守本法。

1.2 车辆和驾驶人

1.2.1 机动车、非机动车

第八条 国家对机动车实行登记制度。机动车经公安机关交通管理部门登记后,方可上道路行驶。尚未登记的机动车,需要临时上道路行驶的,应当取得临时通行牌证。

第十条 准予登记的机动车应当符合机动车国家安全技术标准。申请机动车登记时,应当接受对该机动车的安全技术检验。但是,经国家机动车产品主管部门依据机动车国家安全技术标准认定的企业生产的机动车型,该车型的新车在出厂时经检验符合机动车国家安全技术标准,获得检验合格证的,免予安全技术检验。

第十一条　驾驶机动车上道路行驶,应当悬挂机动车号牌,放置检验合格标志、保险标志,并随车携带机动车行驶证。

机动车号牌应当按照规定悬挂并保持清晰、完整,不得故意遮挡、污损。

任何单位和个人不得收缴、扣留机动车号牌。

第十二条　有下列情形之一的,应当办理相应的登记:

(一)机动车所有权发生转移的;

(二)机动车登记内容变更的;

(三)机动车用作抵押的;

(四)机动车报废的。

第十四条　国家实行机动车强制报废制度,根据机动车的安全技术状况和不同用途,规定不同的报废标准。

应当报废的机动车必须及时办理注销登记。

达到报废标准的机动车不得上道路行驶。报废的大型客、货车及其他营运车辆应当在公安机关交通管理部门的监督下解体。

1.2.2　机动车驾驶人

第十九条　驾驶机动车,应当依法取得机动车驾驶证。

申请机动车驾驶证,应当符合国务院公安部门规定的驾驶许可条件;经考试合格后,由公安机关交通管理部门发给相应类别的机动车驾驶证。

持有境外机动车驾驶证的人,符合国务院公安部门规定的驾驶许可条件,经公安机关交通管理部门考核合格的,可以发给中国的机动车驾驶证。

驾驶人应当按照驾驶证载明的准驾车型驾驶机动车;驾驶机动车时,应当随身携带机动车驾驶证。

公安机关交通管理部门以外的任何单位或者个人,不得收缴、扣留机动车驾驶证。

第二十一条　驾驶人驾驶机动车上道路行驶前,应当对机动车的安全技术性能进行认真检查;不得驾驶安全设施不全或者机件不符合技术标准等具有安全隐患的机动车。

第二十二条　机动车驾驶人应当遵守道路交通安全法律、法规的规定,按照操作规范安全驾驶、文明驾驶。

饮酒、服用国家管制的精神药品或者麻醉药品,或者患有妨碍安全驾驶机动车的疾病,或者过度疲劳影响安全驾驶的,不得驾驶机动车。

任何人不得强迫、指使、纵容驾驶人违反道路交通安全法律、法规和机动车安全驾驶要求驾驶机动车。

第二十三条　公安机关交通管理部门依照法律、行政法规的规定,定期对机动车驾驶证实施审验。

1.3　道路通行条件

第二十五条　全国实行统一的道路交通信号。

交通信号包括交通信号灯、交通标志、交通标线和交通警察的指挥。

交通信号灯、交通标志、交通标线的设置应当符合道路交通安全、畅通的要求和国家标准,并保持清晰、醒目、准确、完好。

根据通行需要,应当及时增设、调换、更新道路交通信号。增设、调换、更新限制性的道路交通信号,应当提前向社会公告,广泛进行宣传。

第二十六条　交通信号灯由红灯、绿灯、黄灯组成。红灯表示禁止通行,绿灯表示准许通行,黄灯表示警示。

第二十七条　铁路与道路平面交叉的道口,应当设置警示灯、警示标志或者安全防护设施。无人看守的铁路道口,应当在距道口一定距离处设置警示标志。

1.4　道路通行规定

1.4.1　一般规定

第三十五条　机动车、非机动车实行右侧通行。

第三十六条　根据道路条件和通行需要,道路划分为机动车道、非机动车道和人行道的,机动车、非机动车、行人实行分道通行。没有划分机动车道、非机动车道和人行道的,机动车在道路中间通行,非机动车和行人在道路两侧通行。

第三十七条　道路划设专用车道的,在专用车道内,只准许规定的车辆通行,其他车辆不得进入专用车道内行驶。

第三十八条　车辆、行人应当按照交通信号通行;遇有交通警察现场指挥时,应当按照交通警察的指挥通行;在没有交通信号的道路上,应当在确保安全、畅通的原则下通行。

1.4.2　机动车通行规定

第四十二条　机动车上道路行驶,不得超过限速标志标明的最高时速。在没有限速标志的路段,应当保持安全车速。

夜间行驶或者在容易发生危险的路段行驶,以及遇有沙尘、冰雹、雨、雪、雾、结冰等气象条件时,应当降低行驶速度。

第四十三条　同车道行驶的机动车,后车应当与前车保持足以采取紧急制动措施的安全距离。有下列情形之一的,不得超车:

(一)前车正在左转弯、掉头、超车的;

(二)与对面来车有会车可能的;

(三)前车为执行紧急任务的警车、消防车、救护车、工程救险车的;

(四)行经铁路道口、交叉路口、窄桥、弯道、陡坡、隧道、人行横道、市区交通流量大的路段等没有超车条件的。

第四十四条　机动车通过交叉路口,应当按照交通信号灯、交通标志、交通标线或者交通警察的指挥通过;通过没有交通信号灯、交通标志、交通标线或者交通警察指挥的交叉路口时,应当减速慢行,并让行人和优先通行的车辆先行。

第四十五条　机动车遇有前方车辆停车排队等候或者缓慢行驶时,不得借道超车或者占用对面车道,不得穿插等候的车辆。

在车道减少的路段、路口,或者在没有交通信号灯、交通标志、交通标线或者交通警察指挥的交叉路口遇到停车排队等候或者缓慢行驶时,机动车应当依次交替通行。

第四十六条　机动车通过铁路道口时,应当按照交通信号或者管理人员的指挥通行;没有交通信号或者管理人员的,应当减速或者停车,在确认安全后通过。

第四十七条　机动车行经人行横道时,应当减速行驶;遇行人正在通过人行横道,应当停车让行。

机动车行经没有交通信号的道路时,遇行人横过道路,应当避让。

第四十八条　机动车载物应当符合核定的载质量,严禁超载;载物的长、宽、高不得违反装载要求,不得遗洒、飘散载运物。

机动车运载超限的不可解体的物品,影响交通安全的,应当按照公安机关交通管理部门指定的时间、路线、速度行驶,悬挂明显标志。在公路上运载超限的不可解体的物品,并应当依照公路法的规定执行。

机动车载运爆炸物品、易燃易爆化学物品以及剧毒、放射性等危险物品,应当经公安机关批准后,按指定的时间、路线、速度行驶,悬挂警示标志并采取必要的安全措施。

第四十九条　机动车载人不得超过核定的人数,客运机动车不得违反规定载货。

第五十条　禁止货运机动车载客。

货运机动车需要附载作业人员的,应当设置保护作业人员的安全措施。

第五十一条　机动车行驶时,驾驶人、乘坐人员应当按规定使用安全带,摩托车驾驶人及乘坐人员应当按规定戴安全头盔。

第五十二条　机动车在道路上发生故障,需要停车排除故障时,驾驶人应当立即开启危险报警闪光灯,将机动车移至不妨碍交通的地方停放;难以移动的,应当持续开启危险报警闪光灯,并在来车方向设置警告标志等措施扩大示警距离,必要时迅速报警。

第五十三条　警车、消防车、救护车、工程救险车执行紧急任务时,可以使用警报器、标志灯具;在确保安全的前提下,不受行驶路线、行驶方向、行驶速度和信号灯的限制,其他车辆和行人应当让行。

警车、消防车、救护车、工程救险车非执行紧急任务时,不得使用警报器、标志灯具,不享有前款规定的道路优先通行权。

第五十四条　道路养护车辆、工程作业车进行作业时,在不影响过往车辆通行的前提下,其行驶路线和方向不受交通标志、标线限制,过往车辆和人员应当注意避让。

洒水车、清扫车等机动车应当按照安全作业标准作业;在不影响其他车辆通行的情况下,可以不受车辆分道行驶的限制,但是不得逆向行驶。

第五十五条　高速公路、大中城市中心城区内的道路,禁止拖拉机通行。其他禁止拖拉机通行的道路,由省、自治区、直辖市人民政府根据当地实际情况规定。

在允许拖拉机通行的道路上,拖拉机可以从事货运,但是不得用于载人。

1.4.3　非机动车通行规定

第五十七条　驾驶非机动车在道路上行驶应当遵守有关交通安全的规定。非机动车应当在非机动车道内行驶；在没有非机动车道的道路上，应当靠车行道的右侧行驶。

第五十八条　残疾人机动轮椅车、电动自行车在非机动车道内行驶时，最高时速不得超过十五公里。

第五十九条　非机动车应当在规定地点停放。未设停放地点的，非机动车停放不得妨碍其他车辆和行人通行。

第六十条　驾驭畜力车，应当使用驯服的牲畜；驾驭畜力车横过道路时，驾驭人应当下车牵引牲畜；驾驭人离开车辆时，应当拴系牲畜。

1.4.4　行人和乘车人通行规定

第六十一条　行人应当在人行道内行走，没有人行道的靠路边行走。

第六十二条　行人通过路口或者横过道路，应当走人行横道或者过街设施；通过有交通信号灯的人行横道，应当按照交通信号灯指示通行；通过没有交通信号灯、人行横道的路口，或者在没有过街设施的路段横过道路，应当在确认安全后通过。

第六十三条　行人不得跨越、倚坐道路隔离设施，不得扒车、强行拦车或者实施妨碍道路交通安全的其他行为。

第六十四条　学龄前儿童以及不能辨认或者不能控制自己行为的精神疾病患者、智力障碍者在道路上通行，应当由其监护人、监护人委托的人或者对其负有管理、保护职责的人带领。

盲人在道路上通行，应当使用盲杖或者采取其他导盲手段，车辆应当避让盲人。

第六十五条　行人通过铁路道口时，应当按照交通信号或者管理人员的指挥通行；没有交通信号和管理人员的，应当在确认无火车驶临后，迅速通过。

第六十六条　乘车人不得携带易燃易爆等危险物品，不得向车外抛洒物品，不得有影响驾驶人安全驾驶的行为。

1.4.5　高速公路的特别规定

第六十七条　行人、非机动车、拖拉机、轮式专用机械车、铰接式客车、全挂拖斗车以及其他设计最高时速低于七十公里的机动车，不得进入高速公路。高速公路限速标志标明的最高时速不得超过一百二十公里。

第六十八条　机动车在高速公路上发生故障时，应当依照本法第五十二条的有关规定办理；但是，警告标志应当设置在故障车来车方向一百五十米以外，车上人员应当迅速转移到右侧路肩上或者应急车道内，并且迅速报警。

机动车在高速公路上发生故障或者交通事故，无法正常行驶的，应当由救援车、清障车拖曳、牵引。

1.5　交通事故处理

第七十条　在道路上发生交通事故，车辆驾驶人应当立即停车，保护现场；造成人身伤亡的，车辆驾驶人应当立即抢救受伤人员，并迅速报告执勤的交通警察或者公安机关交通管理部门。因抢救受伤人员变动现场的，应当标明位置。乘车人、过往车辆驾驶人、过往行人应当予以协助。

在道路上发生交通事故,未造成人身伤亡,当事人对事实及成因无争议的,可以即行撤离现场,恢复交通,自行协商处理损害赔偿事宜;不即行撤离现场的,应当迅速报告执勤的交通警察或者公安机关交通管理部门。

在道路上发生交通事故,仅造成轻微财产损失,并且基本事实清楚的,当事人应当先撤离现场再进行协商处理。

第七十一条　车辆发生交通事故后逃逸的,事故现场目击人员和其他知情人员应当向公安机关交通管理部门或者交通警察举报。举报属实的,公安机关交通管理部门应当给予奖励。

第七十三条　公安机关交通管理部门应当根据交通事故现场勘验、检查、调查情况和有关的检验、鉴定结论,及时制作交通事故认定书,作为处理交通事故的证据。交通事故认定书应当载明交通事故的基本事实、成因和当事人的责任,并送达当事人。

第七十四条　对交通事故损害赔偿的争议,当事人可以请求公安机关交通管理部门调解,也可以直接向人民法院提起民事诉讼。

经公安机关交通管理部门调解,当事人未达成协议或者调解书生效后不履行的,当事人可以向人民法院提起民事诉讼。

第七十五条　医疗机构对交通事故中的受伤人员应当及时抢救,不得因抢救费用未及时支付而拖延救治。肇事车辆参加机动车第三者责任强制保险的,由保险公司在责任限额范围内支付抢救费用;抢救费用超过责任限额的,未参加机动车第三者责任强制保险或者肇事后逃逸的,由道路交通事故社会救助基金先行垫付部分或者全部抢救费用,道路交通事故社会救助基金管理机构有权向交通事故责任人追偿。

第七十六条　机动车发生交通事故造成人身伤亡、财产损失的,由保险公司在机动车第三者责任强制保险责任限额范围内予以赔偿;不足的部分,按照下列规定承担赔偿责任:

(一)机动车之间发生交通事故的,由有过错的一方承担赔偿责任;双方都有过错的,按照各自过错的比例分担责任。

(二)机动车与非机动车驾驶人、行人之间发生交通事故,非机动车驾驶人、行人没有过错的,由机动车一方承担赔偿责任;有证据证明非机动车驾驶人、行人有过错的,根据过错程度适当减轻机动车一方的赔偿责任;机动车一方没有过错的,承担不超过百分之十的赔偿责任。

交通事故的损失是由非机动车驾驶人、行人故意碰撞机动车造成的,机动车一方不承担赔偿责任。

第七十七条　车辆在道路以外通行时发生的事故,公安机关交通管理部门接到报案的,参照本法有关规定办理。

1.6　执法监督

第八十三条　交通警察调查处理道路交通安全违法行为和交通事故,有下列情形之一的,应当回避:

(一)是本案的当事人或者当事人的近亲属;

(二)本人或者其近亲属与本案有利害关系;

(三)与本案当事人有其他关系,可能影响案件的公正处理。

1.7 法律责任

第九十六条 伪造、变造或者使用伪造、变造的机动车登记证书、号牌、行驶证、驾驶证的,由公安机关交通管理部门予以收缴,扣留该机动车,处十五日以下拘留,并处二千元以上五千元以下罚款;构成犯罪的,依法追究刑事责任。

伪造、变造或者使用伪造、变造的检验合格标志、保险标志的,由公安机关交通管理部门予以收缴,扣留该机动车,处十日以下拘留,并处一千元以上三千元以下罚款;构成犯罪的,依法追究刑事责任。

使用其他车辆的机动车登记证书、号牌、行驶证、检验合格标志、保险标志的,由公安机关交通管理部门予以收缴,扣留该机动车,处二千元以上五千元以下罚款。

当事人提供相应的合法证明或者补办相应手续的,应当及时退还机动车。

第一百条 驾驶拼装的机动车或者已达到报废标准的机动车上道路行驶的,公安机关交通管理部门应当予以收缴,强制报废。

对驾驶前款所列机动车上道路行驶的驾驶人,处二百元以上二千元以下罚款,并吊销机动车驾驶证。

出售已达到报废标准的机动车的,没收违法所得,处销售金额等额的罚款,对该机动车依照本条第一款的规定处理。

第一百零一条 违反道路交通安全法律、法规的规定,发生重大交通事故,构成犯罪的,依法追究刑事责任,并由公安机关交通管理部门吊销机动车驾驶证。

造成交通事故后逃逸的,由公安机关交通管理部门吊销机动车驾驶证,且终生不得重新取得机动车驾驶证。

第一百零二条 对六个月内发生二次以上特大交通事故负有主要责任或者全部责任的专业运输单位,由公安机关交通管理部门责令消除安全隐患,未消除安全隐患的机动车,禁止上道路行驶。

第一百零三条 国家机动车产品主管部门未按照机动车国家安全技术标准严格审查,许可不合格机动车型投入生产的,对负有责任的主管人员和其他直接责任人员给予降级或者撤职的行政处分。

机动车生产企业经国家机动车产品主管部门许可生产的机动车型,不执行机动车国家安全技术标准或者不严格进行机动车成品质量检验,致使质量不合格的机动车出厂销售的,由质量技术监督部门依照《中华人民共和国产品质量法》的有关规定给予处罚。

擅自生产、销售未经国家机动车产品主管部门许可生产的机动车型的,没收非法生产、销售的机动车成品及配件,可以并处非法产品价值三倍以上五倍以下罚款;有营业执照的,由工商行政管理部门吊销营业执照,没有营业执照的,予以查封。

生产、销售拼装的机动车或者生产、销售擅自改装的机动车的,依照本条第三款的规定处罚。

有本条第二款、第三款、第四款所列违法行为,生产或者销售不符合机动车国家安全技术标准的机动车,构成犯罪的,依法追究刑事责任。

第一百零五条　道路施工作业或者道路出现损毁,未及时设置警示标志、未采取防护措施,或者应当设置交通信号灯、交通标志、交通标线而没有设置或者应当及时变更交通信号灯、交通标志、交通标线而没有及时变更,致使通行的人员、车辆及其他财产遭受损失的,负有相关职责的单位应当依法承担赔偿责任。

1.8　附　　则

第一百一十九条　本法中下列用语的含义:

(一)"道路",是指公路、城市道路和虽在单位管辖范围但允许社会机动车通行的地方,包括广场、公共停车场等用于公众通行的场所。

(二)"车辆",是指机动车和非机动车。

(三)"机动车",是指以动力装置驱动或者牵引,上道路行驶的供人员乘用或者用于运送物品以及进行工程专项作业的轮式车辆。

(四)"非机动车",是指以人力或者畜力驱动,上道路行驶的交通工具,以及虽有动力装置驱动但设计最高时速、空车质量、外形尺寸符合有关国家标准的残疾人机动轮椅车、电动自行车等交通工具。

(五)"交通事故",是指车辆在道路上因过错或者意外造成的人身伤亡或者财产损失的事件。

第一百二十条　中国人民解放军和中国人民武装警察部队在编机动车牌证、在编机动车检验以及机动车驾驶人考核工作,由中国人民解放军、中国人民武装警察部队有关部门负责。

第一百二十一条　对上道路行驶的拖拉机,由农业(农业机械)主管部门行使本法第八条、第九条、第十三条、第十九条、第二十三条规定的公安机关交通管理部门的管理职权。

农业(农业机械)主管部门依照前款规定行使职权,应当遵守本法有关规定,并接受公安机关交通管理部门的监督;对违反规定的,依照本法有关规定追究法律责任。

本法施行前由农业(农业机械)主管部门发放的机动车牌证,在本法施行后继续有效。

第一百二十二条　国家对入境的境外机动车的道路交通安全实施统一管理。

作业与思考

1. 按照《道路交通安全法》规定,利用树状图分析哪些行为下的交通事故不属于理赔范围。
2. 利用网络查找资料,分析交通安全法规的演变过程,思考逐渐变化所针对的时代特征。
3. 从系统安全角度制作一张关系图,应如何表征《道路交通安全法》中各因素的相互作用?
4. 以《道路交通安全法》为基本遵循,分析从交通警察部门可获得哪些资料。
5. 思考作为保险企业,可以为交通警察提供什么样的帮助。

第 2 章　车辆安全技术标准节选

学习重点

1. 掌握标准中呈现的各类车辆定义,可在事故查勘中准确描述车辆信息。
2. 掌握车辆各系统技术标准,能够应用标准进行评价和分析,可以判断车辆是否满足上路行驶条件。
3. 熟练掌握车辆制动、转向、行驶、灯光及信号等系统标准,可以运用标准分析事故是否由上述系统缺陷引起。
4. 掌握车辆技术状态检测方法,熟悉检测委托和结果解读。

在道路交通构成的三要素中,驾驶人资格由《道路交通安全法》进行授权,道路交通条件作为静态设施存在相应技术标准。而车辆是否满足上路行驶条件,则主要依据对应技术标准。在我国,《机动车运行安全技术条件》(GB 7258—2017)是根本标准,也是事故处理的前提。与法律法规的变化特点相近,安全技术标准也不断变化和完善。考虑与事故鉴定和理赔的相关性,本章节选 GB 7258—2017 部分内容。

2.1　范　　围

本标准规定了机动车的整车及主要总成、安全防护装置等有关运行安全的基本技术要求,以及消防车、救护车、工程救险车和警车及残疾人专用汽车的附加要求。

本标准适用于在我国道路上行驶的所有机动车,但不适用于有轨电车及并非为在道路上行驶和使用而设计和制造、主要用于封闭道路和场所作业施工的轮式专用机械车。

注:有轨电车是指以电机驱动,架线供电,有轨道承载的道路车辆。

2.2　规范性引用文件

下列文件对于本文件的应用是必不可少的。凡是注日期的引用文件,仅注日期的版本适用于本文件。凡是不注日期的引用文件,其最新版本(包括所有的修改单)适用于本文件。

GB 811 摩托车乘员头盔

GB 1589 汽车、挂车及汽车列车外廓尺寸、轴荷及质量限值

GB/T 2408—2008 塑料 燃烧性能的测定 水平法和垂直法
GB/T 3181 漆膜颜色标准
GB 4094 汽车操纵件、指示器及信号装置的标志
GB/T 4094.2 电动汽车操纵件、指示器及信号装置的标志
GB 4599 汽车用灯丝灯泡前照灯
GB 4785 汽车及挂车外部照明和光信号装置的安装规定
GB 5948 摩托车白炽丝光源前照灯配光性能
GB 7956.1 消防车 第1部分：通用技术条件
GB 8108 车用电子警报器
GB/T 8196 机械安全 防护装置 固定式和活动式防护装置设计与制造一般要求
GB 8410 汽车内饰材料的燃烧特性
GB 9656 汽车安全玻璃
GB 10396 农林拖拉机和机械、草坪和园艺动力机械安全标志和危险图形总则
GB 11567 汽车及挂车侧面和后下部防护要求
GB/T 12428 客车装载质量计算方法
GB 12676 商用车辆和挂车制动系统技术要求及试验方法
GB 13057 客车座椅及其车辆固定件的强度
GB 13365 机动车排气火花熄灭器
GB 13392 道路运输危险货物车辆标志
GB 13954 警车、消防车、救护车、工程救险车标志灯具
GB/T 14172 汽车静侧翻稳定性台架试验方法
GB 15084 机动车辆 间接视野装置 性能和安装要求
GB 15365 摩托车和轻便摩托车操纵件、指示器及信号装置的图形符号
GB 16735 道路车辆 车辆识别代号（VIN）
GB 17352 摩托车和轻便摩托车后视镜的性能和安装要求
GB 17578 客车上部结构强度要求及试验方法
GB/T 17676 天然气汽车和液化石油气汽车 标志
GB 18100.1 摩托车照明和光信号装置的安装规定 第1部分：两轮摩托车
GB 18100.2 摩托车照明和光信号装置的安装规定 第2部分：两轮轻便摩托车
GB 18100.3 摩托车照明和光信号装置的安装规定 第3部分：三轮摩托车
GB/T 18411 道路车辆 产品标牌
GB 18447.1 拖拉机 安全要求 第1部分：轮式拖拉机
GB 18564.1 道路运输液体危险货物罐式车辆 第1部分：金属常压罐体技术要求
GB 18564.2 道路运输液体危险货物罐式车辆 第2部分：非金属常压罐体技术要求
GB/T 18697 声学 汽车车内噪声测量方法
GB/T 19056 汽车行驶记录仪
GB 19151 机动车用三角警告牌

GB 19152 发射对称近光和/或远光的机动车前照灯

GB 20074 摩托车和轻便摩托车外部凸出物

GB 20075 摩托车乘员扶手

GB 20300 道路运输爆炸品和剧毒化学品车辆安全技术条件

GB 21259 汽车用气体放电光源前照灯

GB 21668 危险货物运输车辆结构要求

GB 23254 货车及挂车 车身反光标识

GB 24315 校车标识

GB 24406 专用校车学生座椅系统及其车辆固定件的强度

GB 24407 专用校车安全技术条件

GB/T 24545 车辆车速限制系统技术要求

GB/T 25978 道路车辆 标牌和标签

GB 25990 车辆尾部标志板

GB 25991 汽车用LED前照灯

GB 26511 商用车前下部防护要求

GB/T 26774 车辆运输车通用技术条件

GB/T 30036 汽车用自适应前照明系统

GB 30678 客车用安全标志和信息符号

GB/T 31883 道路车辆 牵引连接件、牵引杆孔、牵引座牵引销、连接钩及环形孔机械连接件使用磨损极限

GB 34655 客车灭火装备配置要求

GA 524 2004式警车汽车类外观制式涂装规范

GA 525 2004式警车摩托车类外观制式涂装规范

GA 923 公安特警专用车辆外观制式涂装规范

GA 1264 公共汽车客舱固定灭火系统

2.3 术语和定义

2.3.1 机动车

由动力装置驱动或牵引,上道路行驶的供人员乘用或用于运送物品以及进行工程专项作业的轮式车辆,包括汽车及汽车列车、摩托车、拖拉机运输机组、轮式专用机械车、挂车。

2.3.2 汽车

由动力驱动、具有四个或四个以上车轮的非轨道承载的车辆,包括与电力线相连的车辆(如无轨电车);主要用于:

——载运人员和/或货物(物品);

——牵引载运货物(物品)的车辆或特殊用途的车辆;

——专项作业。

本术语还包括以下由动力驱动、非轨道承载的三轮车辆:

• 整车整备质量超过 400 kg、不带驾驶室、用于载运货物的三轮车辆;

• 整车整备质量超过 600 kg、不带驾驶室、不具有载运货物结构或功能且设计和制造上最多乘坐 2 人(包括驾驶人)的三轮车辆;

• 整车整备质量超过 600 kg 的带驾驶室的三轮车辆。

(1)载客汽车

设计和制造上主要用于载运人员的汽车,包括装置有专用设备或器具但以载运人员为主要目的的汽车。

1)乘用车。设计和制造上主要用于载运乘客及其随身行李和/或临时物品的汽车,包括驾驶人座位在内最多不超过 9 个座位。它可以装置一定的专用设备或器具,也可以牵引一辆中置轴挂车。

2)旅居车。装备有睡具(可由桌椅转换而来)及其他必要的生活设施、用于旅行宿营的汽车。

3)客车。设计和制造上主要用于载运乘客及其随身行李的汽车,包括驾驶人座位在内座位数超过 9 个。根据是否设置有站立乘客区,分为未设置乘客站立区的客车和设有乘客站立区的客车。

①未设置乘客站立区的客车。设计和制造上无乘客站立区、不允许乘客站立、全体乘客均乘坐在座位上或卧睡的客车,包括公路客车、旅游客车、未设置乘客站立区的公共汽车、专用客车等。

a.公路客车。为城间(城乡)运输乘客设计和制造、专门从事旅客运输的客车;包括卧铺客车,即设计和制造供全体乘客卧睡的客车。

b.旅游客车。为旅游设计和制造、专门用于运载游客的客车。

c.未设置乘客站立区的公共汽车。为城市内运输乘客设计和制造,有固定的公交营运线路和车站,主要在城市道路运营的客车。

d.专用客车。设计和制造上用于载运特定人员并完成特定功能的客车,如专用校车;也包括装置有专用设备或器具,座位数(包括驾驶人座位)超过 9 个的专用汽车。

②设有乘客站立区的客车。最大设计车速小于 70 km/h、设有座椅及乘客站立区,并有足够的空间供频繁停站时乘客上下车走动,有固定的公交营运线路和车站,主要在城市建成区运营的客车;也包括无轨电车,即以电机驱动,与电力线相连的客车。

4)校车。用于有组织地接送 3 周岁以上学龄前幼儿或接受义务教育的学生上下学的 7 座以上的载客汽车。

①幼儿校车。接送 3 周岁以上学龄前幼儿上下学的校车。

②小学生校车。接送小学生上下学的校车。

③中小学生校车。接送九年制义务教育阶段学生(小学生和初中生)上下学的校车。

④专用校车。设计和制造上专门用于运送 3 周岁以上学龄前幼儿或义务教育阶段学生的

专用客车。

(2) 载货汽车

设计和制造上主要用于载运货物或牵引挂车的汽车,也包括:
- 装置有专用设备或器具但以载运货物为主要目的的汽车;
- 由非封闭式货车改装的,虽装置有专用设备或器具,但不属于专项作业车的汽车。

注:封闭式货车是指载货部位的结构为封闭厢体且与驾驶室联成一体,车身结构为一厢式或两厢式的载货汽车。

1) 半挂牵引车。装备有特殊装置用于牵引半挂车的汽车。

2) 低速汽车。三轮汽车和低速货车的总称。

①三轮汽车。最大设计车速小于或等于 50 km/h 的,具有三个车轮的载货汽车。[GB 1589—2016,定义 3.4]

②低速货车(低速载货汽车)。最大设计车速小于 70 km/h 的,具有四个车轮的载货汽车。[GB 1589—2016,定义 3.5]

(3) 专项作业车

装置有专用设备或器具,在设计和制造上用于工程专项(包括卫生医疗)作业的汽车,如汽车起重机、消防车、混凝土泵车、清障车、高空作业车、扫路车、吸污车、钻机车、仪器车、检测车、监测车、电源车、通信车、电视车、采血车、医疗车、体检医疗车等,但不包括装置有专用设备或器具而座位数(包括驾驶人座位)超过9个的汽车(消防车除外)。

(4) 气体燃料汽车

装备以石油气、天然气或煤气等气体为燃料的发动机的汽车。

(5) 两用燃料汽车

具有两套相互独立的燃料供给系统,且两套燃料供给系统可分别但不可同时向燃烧室供给燃料的汽车,如汽油/压缩天然气两用燃料汽车、汽油/液化石油气两用燃料汽车等。

(6) 双燃料汽车

具有两套燃料供给系统,且两套燃料供给系统按预定的配比向燃烧室供给燃料,在缸内混合燃烧的汽车,如柴油-压缩天然气双燃料汽车、柴油-液化石油气双燃料汽车等。

(7) 纯电动汽车

由电机驱动,且驱动电能来源于车载可充电能量储存系统(REESS)的汽车。

(8) 插电式混合动力汽车

具有可外接充电功能,且有一定纯电驱动模式续驶里程的混合动力汽车,包括增程式电动汽车。

(9) 燃料电池汽车

以燃料电池作为主要动力电源的汽车。

(10) 教练车

专门从事驾驶技能培训的汽车。

(11) 残疾人专用汽车

在采用自动变速器的乘用车上加装符合标准和规定的驾驶辅助装置,专门供特定类型的肢体残疾人驾驶的汽车。

2.3.3 挂车

设计和制造上需由汽车或拖拉机牵引,才能在道路上正常使用的无动力道路车辆,包括牵引杆挂车、中置轴挂车和半挂车,用于:

——载运货物;
——特殊用途。

(1)牵引杆挂车

至少有两根轴的挂车,具有:

——一轴可转向;
——通过角向移动的牵引杆与牵引车联结;
——牵引杆可垂直移动,联结到底盘上,因此不能承受任何垂直力。

(2)中置轴挂车

牵引装置不能垂直移动(相对于挂车),车轴位于紧靠挂车的重心(当均匀载荷时)的挂车,这种车辆只有较小的垂直静载荷作用于牵引车,不超过相当于挂车最大质量的10%或10 000 N的载荷(两者取较小者)。其中一轴或多轴可由牵引车来驱动。[GB 1589—2016,定义3.13]

(3)半挂车

均匀受载时挂车质心位于车轴前面,装有可将垂直力和/或水平力传递到牵引车的联结装置的挂车。

(4)旅居挂车

装备有睡具(可由桌椅转换而来)及其他必要的生活设施、用于旅行宿营的挂车,包括中置轴旅居挂车和旅居半挂车。

2.3.4 汽车列车

由汽车(低速汽车除外)牵引挂车组成,包括乘用车列车、货车列车和铰接列车。

(1)乘用车列车

乘用车和中置轴挂车的组合。

(2)货车列车

货车和牵引杆挂车或中置轴挂车的组合。

1)牵引杆挂车列车。货车和牵引杆挂车的组合。

2)中置轴挂车列车。货车和中置轴挂车的组合。

(3)铰接列车

半挂牵引车和半挂车的组合,也包括带有连接板的货车和旅居半挂车的组合。

2.3.5 危险货物运输车辆

设计和制造上用于运输危险货物的货车、挂车、汽车列车。

2.3.6 摩托车

由动力装置驱动的,具有两个或三个车轮的道路车辆,但不包括:
- 整车整备质量超过 400 kg、不带驾驶室、用于载运货物的三轮车辆;
- 整车整备质量超过 600 kg、不带驾驶室、不具有载运货物结构或功能且设计和制造上最多乘坐 2 人(包括驾驶人)的三轮车辆;
- 整车整备质量超过 600 kg 的带驾驶室的三轮车辆;
- 最大设计车速、整车整备质量、外廓尺寸等指标符合相关国家标准和规定的,专供残疾人驾驶的机动轮椅车;
- 符合电动自行车国家标准规定的车辆。

(1)普通摩托车

无论采用何种驱动方式,其最大设计车速大于 50 km/h,或如使用内燃机,其排量大于 50 mL,或如使用电驱动,其电机额定功率总和大于 4 kW 的摩托车,包括两轮普通摩托车、边三轮摩托车、正三轮摩托车。

1)两轮普通摩托车。车辆纵向中心平面上装有两个车轮的普通摩托车。

2)边三轮摩托车。在两轮普通摩托车的右侧装有边车的摩托车。

3)正三轮摩托车。装有三个车轮,其中一个车轮在纵向中心平面上,另外两个车轮与纵向中心平面对称布置的普通摩托车,包括:

①装有与前轮对称分布的两个后轮的摩托车,且如设计和制造上允许载运货物或超过 2 名乘员(含驾驶人),其最大设计车速小于 70 km/h;

②装有与后轮对称分布的两个前轮、设计和制造上不具有载运货物结构且最多乘坐 2 人(包括驾驶人)的摩托车。

(2)轻便摩托车

无论采用何种驱动方式,其最大设计车速不大于 50 km/h 的摩托车,且:
——如使用内燃机,其排量不大于 50 mL;
——如使用电驱动,其电机额定功率总和不大于 4 kW。

1)两轮轻便摩托车。车辆纵向中心平面上装有两个车轮的轻便摩托车。

2)正三轮轻便摩托车。装有与前轮对称分布的两个后轮的轻便摩托车。

2.3.7 拖拉机运输机组

由拖拉机牵引一辆挂车组成的用于载运货物的机动车,包括轮式拖拉机运输机组和手扶拖拉机运输机组。

注1:本标准所指的拖拉机是指最高设计车速不大于 20 km/h、牵引挂车方可从事道路货物运输作业的手扶拖拉机,和最高设计车速不大于 40 km/h、牵引挂车方可从事道路货物运输作业的轮式拖拉机。

注2:手扶拖拉机运输机组还包含手扶变型运输机,即发动机 12 h 标定功率不大于 14.7 kW,采用手扶拖拉机底盘,将扶手把改成方向盘,与挂车连在一起组成的折腰转向式运输机组。

2.3.8 轮式专用机械车

有特殊结构和专门功能,装有橡胶车轮可以自行行驶,最大设计车速大于 20 km/h 的轮式机械,如装载机、平地机、挖掘机、推土机等,但不包括叉车。

2.3.9 特型机动车

质量参数和/或尺寸参数超出 GB 1589 规定的汽车、挂车、汽车列车。

2.4 整 车

(1)整车标志

1)机动车在车身前部外表面的易见部位上应至少装置一个能永久保持的、与车辆品牌相适应的商标或厂标。

2)机动车应至少装置一个能永久保持的产品标牌,该标牌的固定、位置及型式应符合 GB/T 18411 的规定;产品标牌如采用标签标示,则标签应符合 GB/T 25978 规定的标签一般性能、防篡改性能及防伪性能要求。改装车应同时具有改装后的整车产品标牌及改装前的整车(或底盘)产品标牌。

机动车均应在产品标牌上标明品牌、整车型号、制造年月、生产厂名及制造国,各类机动车产品标牌应标明的其他项目见表 2-1。产品标牌上标明的内容应规范、清晰耐久且易于识别,项目名称均应有中文名称。

表 2-1 各类机动车产品标牌应补充标明的项目

机动车类型		应补充标明的项目
汽车[a]	载客汽车[b]	车辆识别代号发动机(内燃机)型号、发动机最大净功率/转速、最大允许总质量(以下简称为"总质量")、乘坐人数(乘员数)
	载货汽车[c]	车辆识别代号、发动机型号、发动机最大净功率/转速、总质量(半挂牵引车除外)、整车整备质量(以下简称为"整备质量")、最大允许牵引质量(无牵引功能的货车除外)
	专项作业车[c]	车辆识别代号、发动机型号、发动机最大净功率/转速、总质量、专用功能关键技术参数
挂车		车辆识别代号、总质量、整备质量
摩托车[d]		车辆识别代号、发动机型号、发动机实际排量或最大净功率[e]、整备质量
轮式专用机械车		产品识别代码(或车辆识别代号)、发动机型号、发动机标定功率、整备质量、最大设计车速
组成拖拉机运输机组的拖拉机		出厂编号、发动机标定功率、使用质量

续表

机动车类型	应补充标明的项目
特型机动车	车辆识别代号(或车架号)、发动机型号、发动机最大净功率、总质量、整备质量、外廓尺寸

a 纯电动汽车、插电式混合动力汽车、燃料电池汽车还应标明驱动电机型号和峰值功率,动力电池系统额定电压和额定容量(安时数),储氢容器型式、容积、工作压力(燃料电池汽车);纯电动汽车不标发动机相关信息;最大设计车速小于 70 km/h 的汽车(低速汽车、设有乘客站立区的客车除外)还应标明最大设计车速。

b 乘用车、旅居车可不标发动机最大净功率转速,但还应标明发动机排量,乘用车具备牵引功能时还应标明最大允许牵引质量。

c 总质量小于 12 000 kg 的货车和专项作业车可不标发动机最大净功率转速,半挂牵引车还应标明牵引座最大设计静载荷。

d 正三轮摩托车还应标明装载质量或乘坐人数,两轮普通摩托车及两轮轻便摩托车可不标车辆识别代号。

e 电动摩托车应标明电机型号、额定功率、额定电压。

3) 汽车、摩托车、挂车应具有唯一的车辆识别代号,其内容和构成应符合 GB 16735 的规定;应至少有一个车辆识别代号打刻在车架(无车架的机动车为车身主要承载且不能拆卸的部件)能防止锈蚀、磨损的部位上。

乘用车的车辆识别代号应打刻在发动机舱内能防止替换的车辆结构件上,或打刻在车门立柱上,如受结构限制没有打刻空间时也可打刻在右侧除行李舱外的车辆其他结构件上;对总质量大于或等于 12 000 kg 的货车、货车底盘改装的专项作业车及所有牵引杆挂车,车辆识别代号应打刻在右前轮纵向中心线前端纵梁外侧,如受结构限制也可打刻在右前轮纵向中心线附近纵梁外侧;对半挂车和中置轴挂车,车辆识别代号应打刻在右前支腿前端纵梁外侧(无纵梁的除外);其他汽车和无纵梁挂车的车辆识别代号、轮式专用机械车的产品识别代码(或车辆识别代号)应打刻在右侧前部的车辆结构件上,如受结构限制也可打刻在右侧其他车辆结构件上。其他机动车(摩托车除外)应在相应的易见位置打刻整车型号和出厂编号,型号在前,出厂编号在后,在出厂编号的两端应打刻起止标记。

打刻车辆识别代号(或产品识别代码、整车型号和出厂编号)的部件不应采用打磨、挖补、垫片、凿改、重新涂漆(设计和制造上为保护打刻的车辆识别代号而采取涂漆工艺的情形除外)等方式处理,从上(前)方观察时打刻区域周边足够大面积的表面不应有任何覆盖物;如有覆盖物,该覆盖物的表面应明确标示"车辆识别代号"或"VIN"字样,且覆盖物在不使用任何专用工具的情况下能直接取下(或揭开)及复原,以方便地观察到足够大的包括打刻区域的表面。

打刻的车辆识别代号(或产品识别代码、整车型号和出厂编号)从上(前)方应易于观察、拓印;对于汽车和挂车还应能拍照。打刻的车辆识别代号的字母和数字的字高应大于或等于 7.0 mm、深度应大于或等于 0.3 mm(乘用车及总质量小于或等于 3 500 kg 的封闭式货车深度应大于或等于0.2 mm),但摩托车字高应大于或等于5.0 mm、深度应大于或等于0.2 mm。打刻的整车型号和出厂编号字高应为10.0 mm,深度应大于或等于0.3 mm。打刻的车辆识别代号(或产品识别代码、整车型号和出厂编号)总长度应小于或等于200 mm,字母和数字的字体和大小应相同(打刻在不同部位的车辆识别代号除外);打刻的车辆识别代号两端有起止标记的,起止标记与字母、数字的间距应紧密、均匀。

车辆识别代号(或产品识别代码、整车型号和出厂编号)一经打刻不应更改、变动,但按GB 16735的规定重新标示或变更的除外。同一辆机动车的车架(无车架的机动车为车身主要承载且不能拆卸的部件)上,不应既打刻车辆识别代号(或产品识别代码),又打刻整车型号和出厂编号。同一辆车上标识的所有车辆识别代号内容应相同。

> 注1:打刻区域周边足够大面积的表面(足够大的包括打刻区域的表面)是指打刻车辆识别代号的部件的全部表面;但所暴露表面能满足查看打刻车辆识别代号的部件有无挖补、重新焊接、粘贴等痕迹的需要时,也应视为满足要求。
>
> 注2:对摩托车,打刻的车辆识别代号在不举升车辆的情形下可观察、拓印的,视为满足要求。

4)发动机型号和出厂编号应打刻(或铸出)在气缸体上且应能永久保持,在出厂编号的两端应打刻起止标记(没有打刻起止标记的空间时不打刻);摩托车应在发动机的易见部位铸出商标或厂标,发动机出厂编号应打刻在曲轴箱易见部位,在出厂编号的两端应打刻起止标记(没有打刻起止标记的空间时不打刻);如打刻(或铸出)的发动机型号和出厂编号不易见,则应在发动机易见部位增加能永久保持的发动机型号和出厂编号的标识。

纯电动汽车、插电式混合动力汽车、燃料电池汽车和电动摩托车应在驱动电机壳体上打刻电机型号和编号。对除轮边电机、轮毂电机外的其他驱动电机,如打刻的电机型号和编号被覆盖,应留出观察口,或在覆盖件上增加能永久保持的电机型号和编号的标识;增加的标识应易见,且非经破坏性操作不能被完整取下。

5)对具有电子控制单元(ECU)的汽车,其至少有一个ECU应记载有车辆识别代号等特征信息,且记载的特征信息不应被篡改并能被市场上可获取的工具读取。

6)乘用车和总质量小于或等于3 500 kg的货车(低速汽车除外)应在靠近风窗立柱的位置设置能永久保持的车辆识别代号标识;该标识从车外应能清晰地识读,且非经破坏性操作不能被完整取下。

7)除按照2)、3)、5)、6)标示车辆识别代号之外,乘用车还应在行李舱从车外无法观察但打开后能直接观察的合适位置标示车辆识别代号,并至少在5个主要部件上标示车辆识别代号;但如制造厂家使用了能从零部件编号溯及车辆识别代号等车辆唯一性信息的生产管理系统,主要部件上可标示零部件编号。

车辆识别代号或零部件编号应直接打刻或采用能永久保持的标签粘贴在制造厂家规定主要部件的目标区域内,其字码高度应保证内容能清晰确认。

8)除按照2)、3)、5)标示车辆识别代号之外,总质量大于或等于12 000 kg的栏板式、仓栅式、自卸式、罐式货车及总质量大于或等于10 000 kg的栏板式、仓栅式、自卸式、罐式挂车还应在其货箱或常压罐体(或设计和制造上固定在货箱或常压罐体上且用于与车架连接的结构件)上打刻至少两个车辆识别代号。打刻的车辆识别代号应位于货箱(常压罐体)左、右两侧或前端面且易于拍照,深度、高度和总长度应符合 3)的规定;且若打刻在货箱(常压罐体)左、右两侧时距货箱(常压罐体)前端面的距离应小于或等于 1 000 mm,若打刻在左、右两侧连接结构件时应尽量靠近货箱(常压罐体)前端面。

9)危险货物运输车辆的标志应符合 GB 13392 的规定;其中,道路运输爆炸品和剧毒化学品车辆还应符合 GB 20300 的规定。罐式危险货物运输车辆的罐体或与罐体焊接的支座的右侧应有金属的罐体铭牌,罐体铭牌应标注唯一性编码、罐体设计代码、罐体容积等信息。

10)对机动车进行改装或修理时,不应对车辆识别代号(或整车型号和出厂编号)、发动机型号和出厂编号、零部件编号、产品标牌、发动机标识等整车标志进行遮盖(遮挡)、打磨、挖补、垫片等处理及凿孔、钻孔等破坏性操作,也不应破坏或未经授权修改电子控制单元(ECU)等记载的车辆识别代号。

(2)外廓尺寸

汽车、挂车及汽车列车的外廓尺寸应符合 GB 1589 的规定,摩托车、拖拉机运输机组的外廓尺寸限值见表 2-2。

表 2-2 摩托车、拖拉机运输机组外廓尺寸限值　　　　　单位:m

机动车类型		长	宽	高
摩托车	两轮普通摩托车[a]	≤2.50	≤1.00	≤1.40
	边三轮摩托车	≤2.70	≤1.75	≤1.40
	正三轮摩托车	≤3.50	≤1.50	≤2.00
	两轮轻便摩托车	≤2.00	≤0.80	≤1.10
	正三轮轻便摩托车	≤2.00	≤1.00	≤1.10
拖拉机运输机组	轮式拖拉机运输机组	≤10.00[b]	≤2.50	≤3.00[b]
	手扶拖拉机运输机组	≤5.00	≤1.70	≤2.20

[a] 对警用摩托车、发动机排量大于或等于 800 mL 或电机额定功率总和大于或等于 40 kW 的两轮普通摩托车,外廓尺寸限值为长小于或等于 2.80 m,宽小于或等于 1.30 m,高小于或等于 2.00 m。

[b] 对标定功率大于 58 kW 的轮式拖拉机运输机组,长度、高度限值为长小于或等于 12.00 m,高小于或等于 3.50 m。

(3)轴荷和质量参数

1)汽车、挂车及汽车列车的轴荷及质量参数应符合 GB 1589 的规定。

2)机动车在空载和满载状态下,整备质量和总质量应在各轴之间合理分配,轴荷应在左右车轮之间均衡分配。

3)边三轮摩托车处于空载及满载状态时,边车车轮轮荷应分别为整备质量及总质量的 35%以下。

(4)核载

1)质量参数核定。

① 机动车最大允许总质量依据发动机功率、最大设计轴荷、轮胎的承载能力及正式批准

的技术文件进行核算后,从中取最小值核定。

② 机动车在空载和满载状态下,转向轴轴荷(或转向轮轮荷)分别与该车整备质量和总质量的比值应大于或等于:

——乘用车:30%;

——三轮汽车、正三轮摩托车:18%;

——其他机动车:20%。

铰接列车应在空载和满载状态下对牵引车部分进行核算,铰接客车和铰接式无轨电车应在空载和满载状态下对前车进行核算。

③清障车在托牵状态下,转向轴轴荷应大于或等于总质量的15%。

④货车列车的挂车的最大允许装载质量应小于或等于货车的最大允许装载质量。

⑤铰接列车的半挂车的总质量应小于或等于半挂牵引车的最大允许牵引质量。

⑥轮式拖拉机运输机组的挂拖质量比(挂车最大允许总质量与拖拉机使用质量之比)应小于或等于3。

2)乘用车、旅居车乘坐人数核定。

①前排座位按乘客舱内部宽度大于或等于1 200 mm时核定2人,大于或等于1 650 mm时核定3人,但每名前排乘员的座垫宽和座垫深均应大于或等于400 mm,且不应作为学生座位核定乘坐人数。

注:前排座位乘客舱内部宽度,系指在两侧门窗下缘延伸至车门后支柱处,量取的车门内饰板间最小值;如车门设计和制造上有搁手区域,则量取搁手平面上方的车门内饰板间最小值。

②除前排座位外的其他排座位,在能保证与前一排座位的间距大于或等于600 mm且座垫深度大于或等于400 mm(对第二排以后的可折叠座椅座间距大于或等于570 mm且座垫深度大于或等于350 mm)时,按座垫宽每400 mm核定1人;但作为学生座位使用时,对幼儿校车按每280 mm核定1人,对小学生校车按每350 mm核定1人,对中小学生校车按380 mm核定1人。单人座椅座垫宽大于或等于400 mm时核定1人。

注1:学生座位(椅)是指幼儿校车上专门供幼儿乘坐的座位(椅)、小学生校车上专门供小学生乘坐的座位(椅)及中小学生校车上专门供义务教育阶段学生使用的座位(椅)。

注2:可折叠座椅是指靠背、座垫铰接且折叠在一起后能完全收起的座椅。

注3:座间距是指座椅座垫和靠背均未被压陷、座椅处于滑轨中间位置、靠背角度可调式座椅的靠背角度及座椅其他调整量处于制造厂规定的正常使用位置时,在通过(单人)座椅中心线的垂直平面内,在座垫上表面最高点所处平面与地板上方620 mm高度范围内水平测量所得的座椅间距数值。

注4:座垫宽是指在座椅座垫未被压陷时,在座垫最前端以后200 mm(对第二排以后的可折叠座椅为150 mm)处座垫上表面测量所得的座垫宽度数值;对既可分离、又可组合的同排座椅,根据产品使用说明书的标注,选择一种座椅状态测量。

注5:座垫深是指在由制造厂设定的座椅前后位置和靠背角状态,座椅座垫和靠背均未被压陷时,在座垫宽度方向中间位置、沿座垫平面测量取得的座垫最前端至座垫靠背垂直投影面的距离。

③旅居车、设计和制造上具有行动不便乘客(如轮椅乘坐者)乘坐设施的乘用车,设置有后向座椅时,在与相向座椅的座间距大于或等于1 150 mm且座垫深度大于或等于400 mm时,按座垫宽每400 mm核定1人。

④旅居车设置的侧向座椅,及车长大于或等于6 m的乘用车设置的侧向座椅和不符合③规定的后向座椅,不核定乘坐人数。

⑤旅居车的核定乘员数应小于或等于9人,但车长小于6 m时的核定乘员数应小于或等于6人。车长大于或等于6 m的货车底盘改装的旅居车,驾驶室与旅居车厢之间无法保证人员的走动时,旅居车厢不核定乘坐人数;车长小于6 m的货车底盘改装的旅居车,驾驶室与旅居车厢之间有面积大于或等于(4.0×10^5) mm² 且能内接一个500 mm×700 mm矩形的贯通开口时,旅居车厢可核定乘坐人数。旅居车的铺位(包括由桌椅转换而来的铺位)不核定乘坐人数。

3) 客车乘员数核定。

①按乘员质量核定:按GB/T 12428确定。

②按座垫宽和站立乘客有效面积核定:长条座椅(指座垫靠背均为条形的供两人或多人乘坐的座椅)按座垫宽每400 mm核定1人,但作为学生座位使用时,对幼儿校车按每280 mm(对幼儿专用校车按每330 mm)核定1人,对小学生校车按每350 mm核定1人,对中小学生校车按380 mm核定1人;单人座椅座垫宽大于或等于400 mm(对学生座椅为380 mm)时核定1人。设有乘客站立区的客车,按GB/T 12428确定的站立乘客有效面积计算,每0.125 m²核定站立乘客1人;双层客车的上层及其他客车不核定站立人数。

③按卧铺铺位核定:卧铺客车的每个铺位核定1人,驾驶人座椅核定1人,乘客座椅(包括车组人员座椅)不核定乘坐人数。

④可折叠的单人座椅及驾驶人座椅R点所处的横向垂直平面之前的座椅不应作为学生座位(椅)核定人数。

⑤幼儿校车、小学生校车和中小学生校车按②和④核定乘员数,其他客车以①、②及③计算的乘员数取最小值核定乘员数。幼儿校车的核定乘员数应小于或等于45人,其他校车的核定乘员数应小于或等于56人。未设置乘客站立区的客车的核定乘员数应小于或等于56人,其中二轴卧铺客车的核定乘员数应小于或等于36人,三轴卧铺客车的核定乘员数应小于或等于40人。

4) 其他机动车的乘坐人数核定(摩托车除外)。

①驾驶室(区)的前排座位,按驾驶室(区)内部宽度大于或等于1 200 mm时核定2人,大于或等于1 650 mm时核定3人,但每名前排乘员的座垫宽和座垫深均应大于或等于400 mm。

注:驾驶室(区)内部宽度,系指在两侧门窗下缘延伸至车门后支柱处,量取的车门内饰板间最小值;如车门设计和制造上有搁手区域,则量取搁手平面上方的车门内饰板间最小值。

②双排座位驾驶室的后排座位,按座垫中间位置测量的车身内部宽度,在能保证与前排座位的间距大于或等于650 mm且座垫深度大于或等于400 mm时,每400 mm核定1人。

③带卧铺的货车,卧铺铺位不核定乘坐人数。

④有驾驶室的拖拉机运输机组和使用方向盘转向的三轮汽车,除驾驶人外可再核定一名乘员,但其座垫宽应大于或等于350 mm,座椅深应大于或等于300 mm,且座椅不应增加拖拉机运输机组或三轮汽车的外廓尺寸;不具备上述条件时,只准许乘坐驾驶人1人。

⑤货车核定乘坐人数应小于或等于6人,专项作业车(消防车除外)核定乘坐人数应小于或等于9人,危险货物运输货车的核定乘坐人数应小于或等于3人。

5)摩托车乘坐人数核定。

①两轮普通摩托车和前面两个车轮、后面一个车轮的正三轮摩托车,除驾驶人外,有固定座位的再核定乘坐1人。

②边三轮摩托车除驾驶人外,主车和边车有固定座位的各核定乘坐1人。

③正三轮摩托车驾驶室核定乘坐驾驶人1人;车厢在有纵向布置(与机动车前进方向相同)的固定座椅(该固定座椅的座垫深度大于或等于400 mm且与驾驶人座椅的间距大于或等于650 mm)时,按座垫宽度每400 mm核定1人,但最多为2人;不具备上述条件时,车厢不核定乘坐人数。

④轻便摩托车核定乘坐驾驶人1人。

(5)比功率

低速汽车及拖拉机运输机组的比功率应大于或等于4.0 kW/t,除无轨电车、纯电动汽车外的其他机动车的比功率应大于或等于5.0 kW/t。

注:比功率为发动机最大净功率(或0.9倍的发动机额定功率或0.9倍的发动机标定功率)与机动车最大允许总质量之比。

(6)侧倾稳定性及驻车稳定角

1)按GB/T 14172规定的方法,客车、发动机中置且宽高比小于或等于0.9的乘用车在乘客区满载、行李舱空载的情况下测试时,向左侧和右侧倾斜的侧倾稳定角均应大于或等于28°(对专用校车应大于或等于32°);且除设有乘客站立区的客车外,在空载、静态条件下,向左侧和右侧倾斜的侧倾稳定角均应大于或等于35°。

注:铰接客车和铰接式无轨电车按前车考核。发动机中置是指发动机缸体整体位于汽车前后轴之间的布置形式。

2)罐式汽车和罐式挂车在满载、静态状态下,向左侧和右侧倾斜的侧倾稳定角应大于或等于23°。

3)除消防车外的其他机动车在空载、静态状态下,向左侧和右侧倾斜的侧倾稳定角应大于或等于:

——三轮机动车(包括三轮汽车和三轮摩托车,但不包括前轮距小于或等于460 mm的正三轮摩托车,下同):25°;

——总质量为整备质量的1.2倍以下的机动车:28°;

——总质量不小于整备质量的1.2倍的专项作业车和轮式专用机械车:32°;

——其他机动车(特型机动车、两轮普通摩托车及轻便摩托车除外):35°。

4)消防车的侧倾稳定性要求应符合GB 7956.1的规定。

5)两轮普通摩托车、两轮轻便摩托车和前轮距小于或等于460 mm的正三轮摩托车在用撑杆支撑时,向左、向右、向前的驻车稳定角分别应大于或等于9°、5°、6°;在用停车架支撑时,向左、向右、向前的驻车稳定角均应大于或等于8°。

(7)图形和文字标志

1)汽车(三轮汽车和装用单缸柴油机的低速货车除外)、摩托车应分别按照 GB 4094、GB/T 4094.2 和 GB 15365 的规定设置操纵件、指示器及信号装置的图形标志。

2)三轮汽车和装用单缸柴油机的低速货车的变速杆、手柄和开关等操纵机构,除作用非常明确的外,应在操纵机构上或其附近用耐久性标志明确标明其功能、操作方向等。标志用操作符号应与背景有明显的色差。

3)机动车标注的警告性文字应有中文。

4)旅居车和旅居挂车旅居室内的专用装备设施应明示相应的安全使用规定。

5)低速汽车和拖拉机运输机组应对需要提醒人们注意的安全事项设置相应的安全标志。安全标志应符合 GB 10396 的规定。

6)所有货车(多用途货车除外)和专项作业车(消防车除外)均应在驾驶室(区)两侧喷涂总质量(半挂牵引车为最大允许牵引质量);其中,栏板货车和自卸车还应在驾驶室两侧喷涂栏板高度,罐式汽车和罐式挂车(罐式危险货物运输车辆除外)还应在罐体两侧喷涂罐体容积及允许装运货物的种类。栏板挂车应在车厢两侧喷涂栏板高度。冷藏车还应在外部两侧易见部位上喷涂或粘贴明显的"冷藏车"字样和冷藏车类别的英文字母。喷涂的中文及阿拉伯数字应清晰,高度应大于或等于 80 mm。

注:多用途货车是指具有长头车身和驾驶室结构、核定乘坐人数小于或等于 5 人(含驾驶人)、驾驶室高度小于或等于 2 100 mm、货箱栏板上端离地高度小于或等于 1 500 mm、最大设计总质量小于或等于 3 500 kg 的货车。

7)总质量大于或等于 4 500 kg 的货车(半挂牵引车除外)和货车底盘改装的专项作业车(消防车除外)、总质量大于 3 500 kg 的挂车,以及车长大于或等于 6 m 的客车均应在车厢后部喷涂或粘贴/放置放大的号牌号码,总质量大于或等于 12 000 kg 的自卸车还应在车厢左右两侧喷涂放大的号牌号码。受结构限制车厢后部无法粘贴/放置放大的号牌号码时,车厢左右两侧喷涂有放大的号牌号码的,视为满足要求。放大的号牌号码字样应清晰。

8)所有客车(专用校车和设有乘客站立区的客车除外)及发动机中置且宽高比小于或等于 0.9 的乘用车应在乘客门附近车身外部易见位置,用高度大于或等于 100 mm 的中文及阿拉伯数字标明该车提供给乘员(包括驾驶人)的座位数。具有车底行李舱的客车,应在行李舱打开后前部易见位置设置能永久保持的、标有所有行李舱可运载的最大行李总质量的标识。

9)专用校车车身外观标识应符合 GB 24315 规定。校车运送学生时,应在前风窗玻璃右下角和后风窗玻璃适当位置各放置一块可以从车外清楚识别的校车标牌;但专门用于接送学生上下学的非专用校车,车身外观标识还应符合专用校车相关规定。

注:非专用校车是指除专用校车外的其他校车。

10)气体燃料汽车、两用燃料汽车和双燃料汽车应按 GB/T 17676 的规定标注其使用的气体燃料类型。

11)最大设计车速小于 70 km/h 的汽车(低速汽车、设有乘客站立区的客车除外)应在车身后部喷涂/粘贴表示最大设计车速(单位:km/h)的阿拉伯数字;阿拉伯数字的高度应大于或等于 200 mm,外围应用尺寸相匹配的红色圆圈包围。

12)教练车应在车身两侧及后部喷涂高度大于或等于 100 mm 的"教练车"等字样。

13)警车、消防车、救护车和工程救险车以外的机动车,不应喷涂和安装与警车、消防车、救护车和工程救险车相同或相类似的标志图案和灯具。

(8)外观

1)机动车各零部件应完好,连接牢固,无缺损。

2)车体应周正,车体外缘左右对称部位高度差应小于或等于40 mm。

3)两轮普通摩托车和轻便摩托车的方向把和导流板等左右对称的零部件离地面高度差应小于或等于10 mm;正三轮摩托车的驾驶室和车厢等左右对称的零部件离地面高度差应小于或等于20 mm。

(9)漏水检查

在发动机运转及停车时,散热器、水泵、缸体、缸盖、暖风装置及所有连接部位均不应有滴漏现象。

(10)漏油检查

机动车连续行驶距离不小于10 km,停车5 min后观察,不应有滴漏现象。

(11)车速表指示误差(最大设计车速不大于40 km/h的机动车除外)

车速表指示车速v_1(单位:km/h)与实际车速v_2(单位:km/h)之间应符合下列关系式:

$$0 \leqslant v_1 - v_2 \leqslant (v_2/10) + 4$$

(12)行驶轨迹

汽车列车和轮式拖拉机运输机组在平坦、干燥的路面上以30 km/h的速度直线行驶时,挂车后轴中心相对于牵引车前轴中心的最大摆动幅度,铰接列车、乘用车列车和中置轴挂车列车应小于或等于110 mm,牵引杆挂车列车和轮式拖拉机运输机组应小于或等于220 mm。

(13)驾驶人耳旁噪声要求

1)汽车(纯电动汽车、燃料电池汽车和低速汽车除外)驾驶人耳旁噪声声级应小于或等于90 dB(A)。

2)测量驾驶人耳旁噪声时:

①汽车空载,处于静止状态且置变速器于空挡,发动机应处于额定转速状态(当发动机正常工作状态下无法达到额定转速时,则采用可达到的大转速进行测量,并对测量转速进行记录说明),门窗紧闭;

②测量位置应符合GB/T 18697的规定;

③环境噪声应低于被测噪声值至少10 dB(A);

④声级计置于"A"计权、"快"挡。

(14)环保要求

机动车的排气污染物排放及噪声应符合国家环保标准的规定。

(15)产品使用说明书

机动车的产品使用说明书应用文字标明与车型(整车型号)一致的结构参数和技术特征,必要时还应用图案辅助说明。

(16)乘用车列车的特殊要求

1)组成乘用车列车的乘用车应符合以下要求:

①乘用车车宽应大于或等于 1 650 mm；

②乘用车应装备防抱制动装置；

③乘用车应装备符合标准规定的电连接接头,乘用车到挂车输出端的电路容量应大于或等于 20 A；

④乘用车应装备符合标准规定的 A50 连接球头,连接球头应位于车辆纵向中心线上(偏差应小于或等于 10 mm)。

2)组成乘用车列车的中置轴挂车应符合以下要求：

①中置轴挂车的总质量应小于或等于 2 500 kg；

②中置轴挂车应装备符合标准规定的连接装置；

③总质量大于 750 kg 的中置轴挂车应装备制动系统。

3)乘用车列车应符合以下要求：

①乘用车和中置轴挂车的电连接器、电缆线的型号和尺寸相互匹配；

②对于全轮和后轮驱动的乘用车,中置轴挂车总质量与乘用车整备质量的比小于或等于 1.5；对于前轮驱动的乘用车,中置轴挂车总质量与乘用车整备质量的比小于或等于 1.0；

③对于无制动的中置轴挂车,挂车总质量与乘用车整备质量的比值小于或等于 0.6；

④所有车辆牵引支架配备安全链,以保证在列车制动前挂车和牵引车不能分离且挂车具备一定的转向能力；

⑤作用在连接装置上的垂直载荷同时满足：

——大于或等于乘用车最大允许牵引质量的 4%且大于或等于 25 kg；

——小于或等于乘用车最大允许牵引质量的 10%且乘用车后轴轴荷小于或等于允许轴荷。

⑥乘用车列车的比功率大于或等于 20 kW/t；

⑦不使用任何工具即可安全地连接或者断开乘用车和中置轴挂车；

⑧中置轴挂车的转向、制动等信号与乘用车的信号一致。

(17)其他要求

1)专项作业车和轮式专用机械车的特殊结构和专用装置不应影响机动车的安全运行；专项作业车及其他装备有专用仪器或设备的汽车,装备的专用仪器和设备应固定可靠。

2)轮式专用机械车的外廓尺寸、轴荷及质量参数、转向系、制动系、外部照明和信号装置及电气设备、车身、安全防护装置等要求按土方机械相关强制性标准实施。

3)车长大于 11 m 的公路客车和旅游客车应装备符合标准规定的车道保持辅助系统和自动紧急制动系统。

4)车高大于或等于 3.7 m 的未设置乘客站立区的客车应装备电子稳定性控制系统,以保证对车辆的防侧翻控制。

5)车辆运输车应符合 GB/T 26774 的规定。

6)插电式混合动力汽车的纯电动续驶里程应大于或等于 50 km。

7)新出厂的机动车,其安全装置的配备应与批准的状态一致,质量和尺寸参数与批准数值的偏差应符合规定。在用的货车、货车底盘改装的专项作业车、挂车,其货厢(罐体)结构及尺寸、钢板弹簧片数及形式、轮胎规格等技术参数和结构特征应与注册登记时一致,整车整备质量、货厢内部尺寸、外廓尺寸(长、宽、高)等主要技术参数应与注册登记时记载的技术参数保持在合理的偏差范围。

8)采用了主被动安全新技术、新装置、新结构的机动车,新技术、新装置、新结构的性能不应低于本标准及其他机动车强制性国家标准对应的运行安全技术要求。

2.5 发动机和驱动电机

1)发动机应能起动,怠速稳定,机油压力和温度正常。发动机功率应大于或等于标牌(或产品使用说明书)标明的发动机功率的75%。

2)柴油机停机装置应有效。

3)发动机起动、燃料供给、润滑、冷却和进排气等系统的机件应齐全。

4)纯电动汽车的电机系统应运转平稳。

2.6 转 向 系

1)汽车(三轮汽车除外)的方向盘应设置于左侧,其他机动车的方向盘不应设置于右侧;专项作业车、教练车按需要可设置左右两个方向盘。装有两个后轮、有驾驶室的正三轮摩托车如使用方向盘转向,则方向盘中心立柱距车辆纵向中心平面的水平距离应小于或等于200 mm;其他摩托车不应使用方向盘转向。

2)机动车的方向盘(或方向把)应转动灵活,无卡滞现象。机动车应设置转向限位装置。转向系统在任何操作位置上,不应与其他部件有干涉现象。

3)机动车(摩托车、三轮汽车、手扶拖拉机运输机组除外)正常行驶时,转向轮转向后应有一定的回正能力(允许有残余角),以使机动车具有稳定的直线行驶能力。

4)机动车方向盘的最大自由转动量应小于或等于:

①最大设计车速大于或等于100 km/h的机动车:15°;

②三轮汽车:35°;

③其他机动车:25°。

5)汽车(三轮汽车除外)应具有适度的不足转向特性。

6)三轮汽车、摩托车的转向轮向左或向右转角应小于或等于:

①三轮汽车、三轮摩托车、正三轮轻便摩托车:45°;

②两轮普通摩托车、两轮轻便摩托车:48°。

7)机动车在平坦、硬实、干燥和清洁的道路上行驶不应跑偏,其方向盘(或方向把)不应有摆振等异常现象。

8)机动车在平坦、硬实、干燥和清洁的水泥或沥青道路上行驶,以10 km/h的速度在5 s之内沿螺旋线从直线行驶过渡到外圆直径为25 m的车辆通道圆行驶,施加于方向盘外缘的最大切向力应小于或等于245 N。

9)专用校车应采用转向助力装置;其他机动车转向轴最大设计轴荷大于 4 000 kg 时,也应采用转向助力装置。装有转向助力装置的机动车,转向时其转向助力功能不应出现时有时无的现象,且转向助力装置失效时仍应具有用方向盘控制机动车的能力。

10)汽车(三轮汽车除外)的车轮定位应与该车型的技术要求一致。对前轴采用非独立悬架的汽车(前轴采用双转向轴时除外),其转向轮的横向侧滑量,用侧滑台检验时侧滑量值应小于或等于 5 m/km。

11)转向节及臂,转向横、直拉杆及球销应连接可靠,且不应有裂纹和损伤,并且转向球销不应松旷。对机动车进行改装或修理时横、直拉杆不应拼焊。

12)三轮汽车、摩托车的前减震器、上下联板和方向把不应有变形和裂损。

2.7 制 动 系

(1)基本要求

1)机动车应设置足以使其减速、停车和驻车的制动系统或装置,且行车制动的控制装置与驻车制动的控制装置应相互独立。

2)制动系统的机构和装置应经久耐用,不会因震动或冲击而损坏。

3)制动踏板(包括教练车的副制动踏板)及其支架、制动主缸及其活塞、制动总阀、制动气室、轮缸及其活塞、制动臂及凸轮轴总成之间的连接杆件等零部件应易于维修。

4)制动系统的各种杆件不应与其他部件在相对位移中发生干涉、摩擦,以防杆件变形、损坏。

5)制动管路应为专用的耐腐蚀的高压管路,安装应保证具有良好的连续功能、足够的长度和柔性,以适应与之相连接的零件所需要的正常运动,而不致造成损坏;制动管路应有适当的安全防护,以避免擦伤、缠绕或其他机械损伤,同时应避免安装在可能与机动车排气管或任何高温源接触的地方。制动软管不应与其他部件干涉且不应有老化、开裂、被压扁、鼓包等现象。其他气动装置在出现故障时不应影响制动系统的正常工作。

6)汽车制动完全释放时间(从松开制动踏板到制动消除所需要的时间)对两轴汽车应小于或等于 0.80 s,对三轴及三轴以上汽车应小于或等于 1.2 s。

7)机动车在运行过程中不应有自行制动现象,但属于设计和制造上为保证车辆安全运行的除外。挂车(由轮式拖拉机牵引的装载质量 3 000 kg 以下的挂车除外)与牵引车意外脱离后,挂车应能自行制动,牵引车的制动仍应有效。

(2)行车制动

1)机动车(总质量小于或等于 750 kg 的挂车除外)应具有完好的行车制动系,其中汽车(三轮汽车除外)的行车制动应采用双回路或多回路。

2)行车制动应保证驾驶人在行车过程中能控制机动车安全、有效地减速和停车。行车制动应是可控制的,且除残疾人专用汽车外,应保证驾驶人在其座位上双手无须离开方向盘(或方向把)就能实现制动。

3)行车制动应作用在机动车(三轮汽车、拖拉机运输机组及总质量不大于 750 kg 的挂车除外)的所有车轮上。

4)行车制动的制动力应在各轴之间合理分配。

5)机动车(边三轮摩托车除外)行车制动的制动力应在同一车轴左右轮之间相对机动车纵向中心平面合理分配。

6)汽车(三轮汽车除外)、摩托车(边三轮摩托车除外)、挂车(总质量不大于750 kg的挂车除外)的所有车轮应装备制动器。其中,所有专用校车和危险货物运输货车的前轮和车长大于9 m的其他客车的前轮,以及危险货物运输半挂车、三轴的栏板式和仓栅式半挂车的所有车轮,应装备盘式制动器。

7)制动器应有磨损补偿装置。制动器磨损后,制动间隙应易于通过手动或自动调节装置来补偿。制动控制装置及其部件以及制动器总成应具备一定的储备行程,当制动器发热或制动衬片的磨损达到一定程度时,在不必立即作调整的情况下,仍应保持有效的制动。客车、总质量大于3 500 kg的货车和专项作业车(具有全轮驱动功能的货车和专项作业车除外)、总质量大于3 500 kg的半挂车,以及所有危险货物运输车辆的所有行车制动器应装备制动间隙自动调整装置。

8)制动踏板的自由行程应与该车型的技术要求一致。

9)行车制动在产生最大制动效能时的踏板力或手握力应小于或等于:

——乘用车和正三轮摩托车:500 N;

——摩托车(正三轮摩托车除外):350 N(踏板力)或250 N(手握力);

——其他机动车:700 N。

10)采用气压制动的汽车,按照GB 12676规定的方法进行测试时,从踩下制动踏板到最不利的制动气室响应时间(A)应小于或等于0.6 s,且对具有牵引功能的汽车从踩下制动踏板到主挂间气压控制管路接头延长管路末端的响应时间(B)还应小于或等于0.4 s;采用气压制动的挂车,按照GB 12676规定的方法进行测试时,从主挂间气压控制管路接头处到最不利的制动气室响应时间(C)应小于或等于0.4 s。A、B、C的数值(取值到0.01 s,精确到0.05 s)应在产品标牌(或车辆易见部位上设置的其他能永久保持的标识)上清晰标示。

11)货车列车和铰接列车(带有连接板的货车和旅居半挂车的组合除外)行车制动系的匹配,应保证满载状态下牵引车(或挂车)制动力与列车制动力的比值大于或等于牵引车(或挂车)质量与汽车列车质量的比值的90%。

12)所有汽车(三轮汽车、五轴及五轴以上专项作业车除外)及总质量大于3 500 kg的挂车应装备符合规定的防抱制动装置。总质量大于或等于12 000 kg的危险货物运输货车还应装备电控制动系统(EBS)。

注:本条中挂车的总质量对半挂车是指半挂车在满载并且和牵引车相连的情况下,通过半挂车的所有车轴垂直作用于地面的静载荷,不包括转移到牵引车牵引座的静载荷。

13)防抱制动装置中的任何电器故障不应使行车制动器的制动促动时间和制动释放时间延长。在需要电源进行操纵防抱制动装置的挂车上,电源应由专用电源线路供给。

14)教练车(三轮汽车除外)及自学用车的行车制动应装备有副制动装置。副制动装置应安装牢固、动作可靠,保证教练员在行车过程中有效地控制机动车减速和停车。

注:自学用车,是指用于自学人员在道路上学习驾驶技能的小型汽车、小型自动挡汽车。

15)采用气压制动的汽车、挂车,在设计和制造上每个储气筒(有压力表等压力显示装置的除外)和制动气室都应具有可用于测试制动管路压力的连接器。

(3)应急制动和剩余制动性能

1)汽车(三轮汽车除外)应具有应急制动功能。

2)应急制动应保证在行车制动只有一处失效的情况下,在规定的距离内将汽车停住。

3)应急制动应是可控制的,其布置应使驾驶人容易操作,驾驶人在座位上至少用一只手握住方向盘的情况下(对乘用车为双手不离开方向盘的情况下),就可以实现制动。它的控制装置可以与行车制动的控制装置结合,也可以与驻车制动的控制装置结合。

4)采用助力制动系的行车制动系,助力装置失效后,仍应能保持规定的应急制动性能。

5)客车、货车和货车底盘改装的专项作业车,当行车制动传输装置部分失效时,仍应具有符合 GB 12676 规定的剩余制动性能。

(4)驻车制动

1)机动车(两轮普通摩托车、边三轮摩托车、前轮距小于或等于 460 mm 的正三轮摩托车和两轮轻便摩托车除外)应具有驻车制动装置。

2)驻车制动应能使机动车即使在没有驾驶人的情况下,也能停在上、下坡道上。驾驶人应在座位上就可以实现驻车制动。对于汽车列车和轮式拖拉机运输机组,如挂车与牵引车脱离,挂车(由轮式拖拉机牵引的装载质量 3 000 kg 以下的挂车除外)应能产生驻车制动。挂车的驻车制动装置应能由在地面上的人实施操纵。

3)驻车制动应通过纯机械装置把工作部件锁止,并且驾驶人施加于操纵装置上的力:

——手操纵时,乘用车应小于或等于 400 N,其他机动车应小于或等于 600 N;

——脚操纵时,乘用车应小于或等于 500 N,其他机动车应小于或等于 700 N。

4)驻车制动操纵装置的安装位置应适当,操纵装置应有足够的储备行程(开关类操作装置除外),一般应在操纵装置全行程的三分之二以内产生规定的制动效能;驻车制动机构装有自动调节装置时允许在全行程的四分之三以内达到规定的制动效能。驻车制动使用电子控制装置时,锁止装置应为纯机械装置,发生断电情况锁止装置仍应保持持续有效。棘轮式制动操纵装置应保证在达到规定的驻车制动效能时,操纵杆往复拉动的次数不应超过三次。

5)采用弹簧储能制动装置做驻车制动时,应保证在失效状态下能方便地解除驻车状态;如需使用专用工具,应随车配备。

(5)辅助制动

1)车长大于 9 m 的客车(对专用校车为车长大于 8 m)、总质量大于或等于 12 000 kg 的货车和专项作业车、总质量大于 3 500 kg 的危险货物运输货车,应装备缓速器或其他辅助制动装置。车长大于 9 m 的未设置乘客站立区的客车、总质量大于 3 500 kg 的危险货物运输货车、半挂牵引车装备的辅助制动装置的性能要求应使汽车能通过 GB 12676 规定的ⅡA 型试验。

2)装备电涡流缓速器的汽车,电涡流缓速器的安装部位应设置温度报警系统或自动灭火装置。

(6)液压制动的特殊要求

1)采用液压制动的机动车,制动管路不应存在渗漏(包括外泄和内泄)现象,在保持踏板力为 700 N(摩托车为 350 N)达到 1 min 时,踏板不应有缓慢向前移动的现象。

2)液压行车制动在达到规定的制动效能时,踏板行程应小于或等于踏板全行程的四分之三,制动器装有自动调整间隙装置的机动车踏板行程应小于或等于踏板全行程的五分之四,且乘用车应小于或等于 120 mm,其他机动车应小于或等于 150 mm。

注:踏板全行程是指在无制动液状态下制动踏板从完全释放状态到不能踩动的行程。

3)液压行车制动系不应由于制动液对制动管路的腐蚀或由于发动机及其他热源的作用形成气阻而影响行车制动系的功能。

(7)气压制动的特殊要求

1)采用气压制动的机动车,在气压升至 750 kPa(或能达到的最大行车制动管路压力,两者取小的值)且不使用制动的情况下,停止空气压缩机工作 3 min 后,其气压的降低值应小于或等于 10 kPa。在气压为 750 kPa(或能达到的最大行车制动管路压力,两者取小的值)的情况下,停止空气压缩机工作,将制动踏板踩到底,待气压稳定后观察 3 min,气压降低值对汽车应小于或等于 20 kPa,对汽车列车、铰接客车及铰接式无轨电车、轮式拖拉机运输机组应小于或等于 30 kPa。

2)采用气压制动的机动车,发动机在 75% 的额定转速下,4 min(汽车列车为 6 min,铰接客车和铰接式无轨电车为 8 min)内气压表的指示气压应从零开始升至起步气压。

注:起步气压是指车辆制造厂家标明的车辆(起步后)能够满足正常(制动)工作要求的贮气筒最小压力。

3)气压制动系统应装有限压装置,以确保贮气筒内气压不超过允许的最高气压。

4)气压制动系应安装保持压缩空气干燥、油水分离的装置。

(8)储气筒

1)车长大于 9 m 的客车、总质量大于或等于 12 000 kg 的货车和货车底盘改装的专项作业车,采用气压制动时,储气筒的额定工作气压应大于或等于 850 kPa,且装备有空气悬架或盘式制动器时还应大于或等于 1 000 kPa。

2)装备储气筒或真空罐的机动车应采用单向阀或相应的保护装置,以保证在筒(罐)与压缩空气(真空源)连接失效或漏损的情况下,筒(罐)内的压缩空气(真空度)不致全部丧失。

3)储气筒的容量应保证在额定工作气压且不继续充气的情况下,机动车在连续五次踩到底的全行程制动后,气压不低于起步气压。

4)储气筒应有排污阀。

5)采用气压制动的汽车和具有储气筒的挂车,应在产品标牌(或车辆易见部位上设置的其他能永久保持的标识)上清晰标示储气筒额定工作气压的数值。

(9)制动报警装置

1)采用液压制动的机动车,其储液器的加注口应易于接近,从结构设计上应保证在不打开容器的条件下就能很容易地检查液面。如不能满足此条件,则应安装制动液面过低报警装置。

2)采用液压制动的汽车(三轮汽车和装用单缸柴油机的低速货车除外),如液压传能装置任一部件失效,应通过红色报警信号灯警示驾驶人。只要失效继续存在且点火开关处在开(运行)的位置,该信号灯应保持发亮。报警信号灯即使在白天也应很醒目,驾驶人在其座位上应能很容易地观察报警信号灯工作是否正常。报警装置的失效不应导致制动系统完全丧失制动效能。

3)采用气压制动的机动车,当制动系统的气压低于起步气压时,报警装置应能连续向驾驶人发出容易听到或看到的报警信号。

4)安装具有防抱制动装置的汽车,当防抱制动装置失效时,报警装置应能连续向驾驶人发出容易听到或看到的报警信号。

5)安装制动间隙自动调整装置的客车、货车和总质量大于 3 500 kg 的专项作业车,当行车制动器制动衬片需要更换时,应采用光学或声学的报警装置向在驾驶座上的驾驶人报警。

(10)路试检验制动性能

1)基本要求。

①机动车行车制动性能和应急制动性能检验应在平坦、硬实、清洁、干燥且轮胎与地面间的附着系数大于或等于 0.7 的混凝土或沥青路面上进行。

② 检验时发动机应与传动系统脱开,但对于采用自动变速器的机动车,其变速器换挡装置应位于驱动挡("D"挡)。

2)行车制动性能。

①用制动距离检验行车制动性能。机动车在规定的初速度下的制动距离和制动稳定性要求应符合表 2-3 的规定。对空载检验的制动距离有质疑时,可用表 2-3 规定的满载检验制动距离要求进行。

制动距离:是指机动车在规定的初速度下急踩制动时,从脚接触制动踏板(或手触动制动手柄)时起至机动车停住时止机动车驶过的距离。

制动稳定性要求:是指制动过程中机动车的任何部位(不计入车宽的部位除外)不超出规定宽度的试验通道的边缘线。

表 2-3 制动距离和制动稳定性要求

机动车类型	制动初速度/(km·h^{-1})	空载检验制动距离要求/m	满载检验制动距离要求/m	试验通道宽度/m
三轮汽车	20	≤5.0		2.5
乘用车	50	≤19.0	≤20.0	2.5
总质量小于或等于 3 500 kg 的低速货车	30	≤80	≤9.0	2.5
其他总质量小于或等于 3 500 kg 的汽车	50	≤21.0	≤22.0	2.5
铰接客车、铰接式无轨电车、汽车列车(乘用车列车除外)	30	≤9.5	≤10.5	3.0[a]
其他汽车、乘用车列车	30	≤9.0	≤10.0	3.0[a]

续表

机动车类型	制动初速度/(km·h^{-1})	空载检验制动距离要求/m	满载检验制动距离要求/m	试验通道宽度/m
两轮普通摩托车	30	≤7.0	—	
边三轮摩托车	30	≤8.0		2.5
正三轮摩托车	30	≤7.5		2.3
轻便摩托车	20	≤4.0		
轮式拖拉机运输机组	20	≤6.0	≤6.5	3.0
手扶变型运输机	20	≤6.5		2.3

a 对车宽大于 2.55 m 的汽车和汽车列车,其试验通道宽度(单位：m)为"车宽(m)+0.5"。

② 用充分发出的平均减速度检验行车制动性能。汽车、汽车列车在规定的初速度下急踩制动时充分发出的平均减速度及制动稳定性要求应符合表 2-4 的规定,且制动协调时间对液压制动的汽车应小于或等于 0.35 s,对气压制动的汽车应小于或等于 0.60 s,对汽车列车、铰接客车和铰接式无轨电车应小于或等于 0.80 s。对空载检验的充分发出的平均减速度有质疑时,可用表 2-4 规定的满载检验充分发出的平均减速度进行。

充分发出的平均减速度 MFDD：

$$MFDD = \frac{v_b^2 - v_e^2}{25.92(S_e - S_b)}$$

式中：MFDD——充分发出的平均减速度,单位为米每二次方秒(m/s^2)；

v_0——试验车制动初速度,单位为千米每小时(km/h)；

v_b——0.8v_0,试验车速,单位为千米每小时(km/h)；

v_e——0.1v_0,试验车速,单位为千米每小时(km/h)；

S_b——试验车速从 v_0 到 v_b 之间车辆行驶的距离,单位为米(m)；

S_e——试验车速从 v_0 到 v_e 之间车辆行驶的距离,单位为米(m)。

制动协调时间：是指在急踩制动时,从脚接触制动踏板(或手触动制动手柄)时起至机动车减速度(或制动力)达到表 2-4 规定的机动车充分发出的平均减速度(或表 2-5 所规定的制动力)的 75% 时所需的时间。

表 2-4 制动减速度和制动稳定性要求

机动车类型	制动初速度/(km·h^{-1})	空载检验充分发出的平均减速度/(m·s^{-2})	满载检验充分发出的平均减速度/(m·s^{-2})	试验通道宽度/m
三轮汽车	20	≥3.8		2.5

续表

机动车类型	制动初速度/ (km·h^{-1})	空载检验充分发出的平均减速度/ (m·s^{-2})	满载检验充分发出的平均减速度/ (m·s^{-2})	试验通道宽度/m
乘用车	50	≥6.2	≥5.9	2.5
总质量小于或等于 3 500 kg 的低速货车	30	≥5.6	≥5.2	2.5
其他总质量小于或等于 3 500 kg 的汽车	50	≥5.8	≥5.4	2.5
铰接客车、铰接式无轨电车、汽车列车(乘用车列车除外)	30	≥5.0	≥4.5	3.0[a]
其他汽车、乘用车列车	30	≥5.4	≥5.0	3.0[a]

[a] 对车宽大于 2.55 m 的汽车和汽车列车,其试验通道宽度(单位:m)为"车宽(m)+0.5"。

③ 制动踏板力或制动气压要求。进行制动性能检验时的制动踏板力或制动气压应符合以下要求。

a. 满载检验时:

气压制动系:气压表的指示气压≤额定工作气压;

液压制动系:踏板力,乘用车≤500 N;其他机动车≤700 N。

b. 空载检验时:

气压制动系:气压表的指示气压≤750 kPa;

液压制动系:踏板力,乘用车≤400 N;其他机动车≤450 N。

摩托车(正三轮摩托车除外)检验时,踏板力应小于或等于 350 N,手握力应小于或等于 250 N。

正三轮摩托车检验时,踏板力应小于或等于 500 N。

三轮汽车和拖拉机运输机组检验时,踏板力应小于或等于 600 N。

④ 合格判定要求。汽车、汽车列车在符合③规定的制动踏板力或制动气压下的路试行车制动性能如符合①和②,即为合格。

3) 驻车制动性能。在空载状态下,驻车制动装置应能保证机动车在坡度为 20%(对总质量为整备质量的 1.2 倍以下的机动车为 15%)、轮胎与路面间的附着系数大于或等于 0.7 的坡道上正、反两个方向保持固定不动,时间应大于或等于 2 min。检验汽车列车时,应使牵引车和挂车的驻车制动装置均起作用。

注 1:在规定的测试状态下,机动车使用驻车制动装置能停在坡度值更大且附着系数符合要求的试验坡道上时,应视为达到了驻车制动性能检验规定的要求。

注 2:在不具备试验坡道的情况下,可参照相关标准使用符合规定的仪器测试驻车制动性能。

(11)台试检验制动性能

1)行车制动性能。

①制动力百分比要求。汽车、汽车列车在制动检验台上测出的制动力应符合表2-5的要求。对空载检验制动力有质疑时,可用表2-5规定的满载检验制动力要求进行检验。使用转鼓试验台检测时,可通过测得制动减速度值计算得到最大制动力。

摩托车的前、后轴制动力应符合表2-5的要求,测试时只准许乘坐一名驾驶人。

检验时制动踏板力或制动气压按规定执行。

表2-5 台试检验制动力要求

机动车类型	制动力总和与整车重量的百分比		轴制动力与轴荷[a]的百分比	
	空载	满载	前轴[b]	后轴[b]
三轮汽车	—	—	—	≥60[c]
乘用车、其他总质量小于或等于3 500 kg的汽车	≥60	≥50	≥60[c]	≥20[c]
铰接客车、铰接式无轨电车、汽车列车	≥55	≥45		
其他汽车	≥60[d]	≥50	≥60[c]	≥50[e]
挂车	—	—	—	≥55[f]
普通摩托车			≥60	≥55
轻便摩托车			≥60	≥50

[a] 用平板制动检验台检验乘用车、其他总质量小于或等于3 500 kg的汽车时应按左右轮制动力最大时刻所分别对应的左右轮动态轮荷之和计算。

[b] 机动车(单车)纵向中心线中心位置以前的轴为前轴,其他轴为后轴;挂车的所有车轴均按后轴计算;用平板制动试验台测试并装轴制动力时,并装轴可视为一轴。

[c] 空载和满载状态下测试均应满足此要求。

[d] 对总质量小于或等于整备质量的1.2倍的专项作业车应大于或等于50%。

[e] 满载测试时后轴制动力百分比不做要求;空载用平板制动检验台检验时应大于或等于35%;总质量大于3 500 kg的客车,空载用反力滚筒式制动试验台测试时应大于或等于40%,用平板制动检验台检验时应大于或等于30%。

[f] 满载状态下测试时应大于或等于45%。

②制动力平衡要求(两轮、边三轮摩托车、前轮距小于或等于460 mm的正三轮摩托车和轻便摩托车除外)。在制动力增长全过程中同时测得的左右轮制动力差的最大值,与全过程中测得的该轴左右轮最大制动力中大者(当后轴制动力小于该轴轴荷的60%时为与该轴轴荷)之比,对新注册车和在用车应分别符合表2-6的要求。

表 2-6 台试检验制动力平衡要求

前轴		后轴	
		轴制动力大于或等于该轴轴荷60%时	制动力小于该轴轴荷60%时
新注册车	≤20%	≤24%	≤8%
在用车	≤24%	≤30%	≤10%

③制动协调时间要求。汽车的制动协调时间,对液压制动的汽车应小于或等于0.35 s,对气压制动的汽车应小于或等于0.60 s;铰接客车、铰接式无轨电车的制动协调时间应小于或等于0.80 s。

④车轮阻滞率要求。进行制动力检验时,汽车、汽车列车各车轮的阻滞力均应小于或等于轮荷的10%。

⑤合格判定要求。台试检验汽车、汽车列车行车制动性能时,检验结果同时满足①~④的,方为合格。

2)驻车制动性能。当采用制动检验台检验汽车和正三轮摩托车驻车制动装置的制动力时,机动车空载,使用驻车制动装置,驻车制动力的总和应大于或等于该车在测试状态下整车重量的20%,但总质量为整备质量1.2倍以下的机动车应大于或等于15%。

3)检验结果的复核。对机动车台架检验制动性能结果有异议的,在空载状态下按(10)复检。对空载状态复检结果有异议的,以满载路试复检结果为准。

2.8 照明、信号装置和其他电气设备

(1)基本要求

1)机动车的灯具应安装牢靠、完好有效,不应由于机动车震动而松脱、损坏、失去作用或改变光照方向;所有灯光的开关应安装牢固、开关自如,不应由于机动车震动而自行开关。开关的位置应便于驾驶人操纵。

2)机动车不应安装或粘贴遮挡外部照明和信号装置透光面的护网、防护罩等装置(设计和制造上带有护网、防护罩且配光性能符合要求的灯具除外)。除转向信号灯、危险警告信号、紧急制动信号、校车标志灯,扫路车、护栏清洗车、洗扫车、吸尘车等专项作业车在作业状态下的指示灯具,以及消防车、救护车、工程救险车和警车安装使用的标志灯具外,其他外部灯具不应闪烁。

3)用户不应对外部照明和信号装置进行改装,也不应加装强制性标准以外的外部照明和信号装置,如货车和挂车向前行驶时向后照射的灯具。

(2)照明和信号装置的数量、位置、光色和最小几何可见度

1)汽车(三轮汽车和装用单缸柴油机的低速货车除外)及挂车的外部照明和信号装置的数量、位置、光色、最小几何可见度应符合 GB 4785 的规定。总质量大于或等于4 500 kg的货车、专项作业车和挂车的每一个后位灯、后转向信号灯和制动灯,透光面面积应大于或等于一

个 80 mm 直径圆的面积；如属非圆形的，透光面的形状还应能将一个 40 mm 直径的圆包含在内。

2) 摩托车的照明和信号装置及其安装应分别符合 GB 18100.1、GB 18100.2 和 GB 18100.3 的规定。

3) 三轮汽车、装用单缸柴油机的低速货车及拖拉机运输机组应设置前照灯、前位灯（手扶拖拉机运输机组除外）、后位灯、制动灯、后牌照灯、后反射器和前、后转向信号灯，其光色应符合 GB 4785 相关规定。

4) 机动车应装置后反射器。挂车及车长大于或等于 6 m 的机动车应安装侧反射器和侧标志灯。反射器应与机动车牢固连接，且后反射器应能保证夜间在机动车正后方 150 m 处，用符合本标准规定的汽车前照灯照射时，在照射位置就能确认其反射光。

5) 宽度大于 2 100 mm 的机动车均应安装示廓灯。

6) 牵引杆挂车应在挂车前部的左右各装一只前白后红的牵引杆挂车标志灯，其高度应比牵引杆挂车的前栏板高出 300 mm～400 mm，距车厢外侧应小于 150 mm。

7) 校车应配备统一的校车标志灯和停车指示标志。

(3) 照明和信号装置的一般要求

1) 机动车（手扶拖拉机运输机组除外）的前位灯、后位灯、示廓灯、侧标志灯、牵引杆挂车标志灯、牌照灯应能同时启闭，仪表灯（仪表板的背景灯）和上述灯具当前照灯关闭和发动机熄火时仍应能点亮。汽车和挂车的电路连接应保证前位灯、后位灯、示廓灯、侧标志灯和牌照灯只能同时打开或关闭，但前位灯、后位灯、侧标志灯作为驻车灯使用（复合或混合）的除外。

2) 机动车的前、后转向信号灯和危险警告信号及制动灯白天在距其 100 m 处应能观察到其工作状况，侧转向信号灯白天在距其 30 m 处应能观察到其工作状况；前、后位置灯和示廓灯、挂车标志灯夜间能见度良好时在距其 300 m 处应能观察到其工作状况；后牌照灯夜间能见度良好时在距其 20 m 处应能看清号牌号码。制动灯的发光强度应明显大于后位灯。

3) 对称设置、功能相同的灯具的光色和亮度不应有明显差异。

4) 机动车照明和信号装置的任一条线路出现故障，不应干扰其他线路的正常工作。

5) 驾驶区的仪表板应采用不反光的面板或护板，车内照明装置及其在风窗玻璃、视镜、仪表盘等处的反射光线不应使驾驶人眩目。

6) 仪表板上应设置仪表灯。仪表灯点亮时，应能照清仪表板上所有的仪表且不应眩目。

7) 汽车（三轮汽车和装用单缸柴油机的低速货车除外）仪表板上应设置蓝色远光指示信号和与行驶方向相适应的转向指示信号。

8) 汽车（三轮汽车除外）和轮式拖拉机运输机组均应具有危险警告信号装置，其操纵装置不应受灯光总开关的控制。对于牵引挂车的汽车，危险警告信号控制开关也应能打开挂车上的所有转向信号灯，即使在发动机不工作的情况下，仍应能发出危险警告信号。危险警告信号和转向信号灯的闪光频率应为 1.5 Hz±0.5 Hz，起动时间应小于或等于 1.5 s。如某一转向灯发生故障（短路除外）时，其他转向灯应继续工作，但闪光频率可以不同于上述规定的频率。

9) 客车应设置车厢灯和门灯。车长大于 6 m 的客车应至少有两条车厢照明电路，仅用于进出口处的照明电路可作为其中之一。当一条电路失效时，另一条仍应能正常工作，以保证车内照明。车厢灯和门灯不应影响本车驾驶人的视线和其他机动车的正常行驶。

(4)车身反光标识和车辆尾部标志板

1)总质量大于或等于 12 000 kg 的货车(半挂牵引车除外)和货车底盘改装的专项作业车、车长大于 8.0 m 的挂车及所有最大设计车速小于或等于 40 km/h 的汽车和挂车,应按 GB 25990 规定设置车辆尾部标志板;半挂牵引车应在驾驶室后部上方设置能体现驾驶室的宽度和高度的车身反光标识,其他货车(多用途货车除外)、货车底盘改装的专项作业车和挂车(设置有符合规定的车辆尾部标志板的专项作业车和挂车,以及旅居挂车除外)应在后部设置车身反光标识。后部的车身反光标识应能体现机动车后部的高度和宽度,对厢式货车和挂车应能体现货厢轮廓,且采用一级车身反光标识材料时与后反射器的面积之和应大于或等于 $0.1\ m^2$,采用二级车身反光标识材料时与后反射器的面积之和应大于或等于 $0.2\ m^2$。

2)所有货车(半挂牵引车、多用途货车除外)、货车底盘改装的专项作业车和挂车(旅居挂车除外)应在侧面设置车身反光标识。侧面的车身反光标识长度应大于或等于车长的 50%,对三轮汽车应大于或等于 1.2 m,对侧面车身结构无连续平面的货车底盘改装的专项作业车应大于或等于车长的 30%,对货厢长度不足车长 50% 的货车应为货厢长度。

3)道路运输爆炸品和剧毒化学品车辆,除应按要求设置车身反光标识外,还应在后部和两侧粘贴能标示出车辆轮廓、宽度为 150 mm±20 mm 的橙色反光带。

4)拖拉机运输机组应按照相关标准的规定在车身上粘贴反光标识。

5)货车、货车底盘改装的专项作业车和挂车(组成拖拉机运输机组的挂车除外)的车身反光标识材料应符合 GB 23254 的规定,其中总质量大于 3 500 kg 的厢式货车(不含封闭式货车、侧帘式货车)、厢式挂车(不含侧帘式半挂车)和厢式专项作业车应装备反射器型车身反光标识。车身反光标识的粘贴/设置应符合 GB 23254 的规定。

6)货车(半挂牵引车除外)和挂车(组成拖拉机运输机组的挂车除外)设置的车身反光标识或车辆尾部标志板被遮挡的,应在被遮挡的车身后部和侧面至少水平固定一块 2 000 mm×150 mm 的柔性反光标识。

(5)前照灯

1)基本要求。

①机动车装备的前照灯应有远、近光变换功能;当远光变为近光时,所有远光应能同时熄灭。同一辆机动车上的前照灯不应左、右的远、近光灯交叉开亮。

②所有前照灯的近光均不应眩目,汽车(三轮汽车和装用单缸柴油机的低速货车除外)、摩托车装用的前照灯应分别符合 GB 4599、GB 21259、GB 25991、GB 5948 及 GB 19152 的规定。安装有自适应前照明系统的,应符合 GB/T 30036 的规定。

③机动车前照灯光束照射位置在正常使用条件下应保持稳定。

④汽车(三轮汽车,及设计和制造上能保证前照灯光束高度照射位置在规定的各种装载情况下均符合 GB 4785 要求的汽车除外)应具有前照灯光束高度调整装置/功能,以方便地根据装载情况对光束照射位置进行调整;该调整装置如为手动的,应坐在驾驶座上就能被操作。

2)远光光束发光强度要求。机动车每只前照灯的远光光束发光强度应达到表 2-7 的要求;并且,同时打开所有前照灯(远光)时,其总的远光光束发光强度应符合 GB 4785 的规定。

测试时,电源系统应处于充电状态。

表2-7 前照灯远光光束发光强度最小值要求　　　　　单位:cd

机动车类型		检查项目					
		新注册车			在用车		
		一灯制	二灯制	四灯制[a]	一灯制	二灯制	四灯制[a]
三轮汽车		8 000	6 000	—	6 000	5 000	—
最大设计车速小于70 km/h的汽车		—	10 000	8 000	—	8 000	6 000
其他汽车		—	18 000	15 000	—	15 000	12 000
普通摩托车		10 000	8 000	—	8 000	6 000	—
轻便摩托车		4 000	3 000	—	3 000	2 500	—
拖拉机运输机组	标定功率>18 kW	—	8 000	—	—	6 000	—
	标定功率≤18 kW	6 000[b]	6 000	—	5 000[b]	5 000	—

[a] 四灯制是指前照灯具有四个远光光束;采用四灯制的机动车其中两只对称的灯达到两灯制的要求时视为合格。

[b] 允许手扶拖拉机运输机组只装用一只前照灯。

3)光束照射位置要求。

① 在空载车状态下,汽车、摩托车前照灯近光光束照射在距离10 m的屏幕上,近光光束明暗截止线转角或中点的垂直方向位置,对近光光束透光面中心(基准中心,下同)高度小于或等于1 000 mm的机动车,应不高于近光光束透光面中心所在水平面以下50 mm的直线且不低于近光光束透光面中心所在水平面以下300 mm的直线;对近光光束透光面中心高度大于1 000 mm的机动车,应不高于近光光束透光面中心所在水平面以下100 mm的直线且不低于近光光束透光面中心所在水平面以下350 mm的直线。除装用一只前照灯的三轮汽车和摩托车外,前照灯近光光束明暗截止线转角或中点的水平方向位置,与近光光束透光面中心所在垂直面相比,向左偏移应小于或等于170 mm,向右偏移应小于或等于350 mm。

② 在空载车状态下,轮式拖拉机运输机组前照灯近光光束照射在距离10 m的屏幕上,近光光束中点的垂直位置应小于或等于$0.7H$(H为前照灯近光光束透光面中心的高度),水平位置向右偏移应小于或等于350 mm且不应向左偏移。

③ 在空载车状态下,对于能单独调整远光光束的汽车、摩托车前照灯,前照灯远光光束照射在距离10 m的屏幕上,其发光强度最大点的垂直方向位置,应不高于远光光束透光面中心所在水平面(高度值为H)以上100 mm的直线且不低于远光光束透光面中心所在水平面以下$0.2H$的直线。除装用一只前照灯的三轮汽车和摩托车外,前照灯远光发光强度最大点的水平位置,与远光光束透光面中心所在垂直面相比,左灯向左偏移应小于或等于170 mm且向右偏移应小于或等于350 mm,右灯向左和向右偏移均应小于或等于350 mm。

(6)其他电气设备和仪表

1)机动车(手扶拖拉机运输机组除外)应设置具有连续发声功能的喇叭,喇叭声级在距车前 2 m、离地高 1.2 m 处测量时,发动机最大净功率(或电机额定功率总和)为 7 kW 以下的摩托车为 80 dB(A)~112 dB(A),其他机动车为 90 dB(A)~115 dB(A)。乘用车、专用校车喇叭在车钥匙取下及车门锁止时在车内应仍能正常使用;但对任何情况下所有供乘员上下车的车门均能从车内打开(乘用车车门安装的儿童锁锁止时除外),或安装有自动探测报警装置、在车钥匙取下及车门锁止时能自动探测车内是否有移动物体且在发现移动物体时能发出明显警示信号的乘用车、专用校车,应视为满足要求。教练车(三轮汽车除外)还应设置辅助喇叭开关,其工作应可靠。

2)电器导线应具有阻燃性能;客车发动机舱内和其他热源附近的线束应采用耐温不低于 125℃的阻燃电线,其他部位的线束应采用耐温不低于 100℃的阻燃电线,波纹管应达到 GB/T 2408—2008 的表 1 规定的 V-0 级。所有电器导线均应捆扎成束、布置整齐、固定卡紧、接头牢固并在接头处装设绝缘套,在导线穿越孔洞时应装设阻燃耐磨绝缘套管。电子元件应连接可靠,乘员舱外部的接插件应有防水要求。

3)摩托车应装有车速里程表。三轮汽车、装用单缸柴油机的低速货车和轮式拖拉机运输机组应装有水温表(蒸发式水冷却系统除外)、机油压力表或机油压力指示器、电流表或充电指示器;其他汽车应装有燃料表(气体燃料汽车为气量显示装置,纯电动汽车、插电式混合动力汽车为可充电储能系统[REESS]电量显示装置,燃料电池汽车为氢气量显示装置),并能显示水温或水温报警信息、机油压力或油压报警信息、电流或电压或充电指示信息、车速、里程等信息;采用气压制动的机动车,还应能显示气压。机动车装备的仪表应完好,规定信息的显示功能应有效。

4)专用校车应设置电源总开关,车长大于或等于 6 m 的客车应设置电磁式电源总开关;但如在蓄电池端对所有供电线路均设置了保险装置,或车辆用电设备由电子控制单元直接驱动且具有负载监控功能、电子控制单元供电线路和个别直接供电的线路均设置有保险装置时,可不设电磁式电源总开关。车长大于或等于 6 m 的客车,还应设置能切断蓄电池和所有电路连接的手动机械断电开关。

5)所有客车、危险货物运输货车、半挂牵引车和总质量大于或等于 12 000 kg 的其他货车应装备具备记录、存储、显示、打印或输出车辆行驶速度、时间、里程等车辆行驶状态信息的行驶记录仪;行驶记录仪应接入车辆速度、制动等信号,规范设置车辆参数并配置驾驶人身份识别卡,显示部分应易于观察,数据接口应便于移动存储介质的插拔,技术要求应符合 GB/T 19056 的规定。校车、公路客车、旅游客车、危险货物运输货车装备具有行驶记录功能的卫星定位装置,且行驶记录功能的技术要求符合本标准及 GB/T 19056 相关规定,或车长小于 6 m 的其他客车装备符合标准规定的事件数据记录系统(EDR),应视为满足要求。专用校车和卧铺客车、设有乘客站立区的客车,还应装备车内外视频监控录像系统;车内外视频监控录像系统摄像头的配备数量及拍摄方向应符合相关标准和管理规定,无遮挡。

6)乘用车应配备能记录碰撞等特定事件发生时的车辆行驶速度、制动状态等数据信息的事件数据记录系统(EDR);若配备了符合标准规定的车载视频行驶记录装置,应视为满足要求。

7)总质量大于或等于12 000 kg的货车,应装备符合标准要求的车辆右转弯音响提示装置,并在设计和制造上保证驾驶人不能关闭车辆右转弯音响提示装置。

8)危险货物运输车辆的电路系统应符合GB 21668的规定。

9)汽车装备以及加装的所有电气设备不应影响本标准规定的制动、转向、照明和信号装置等运行安全要求。车身外部设有广告屏(箱)的汽车和挂车,应保证广告屏(箱)在车辆行驶状态下处于关闭状态。

10)旅居车和旅居挂车的特殊要求如下:

①由中性点绝缘关系供电的旅居车和旅居挂车应配备良好的接地系统,其接地电阻应小于或等于50 Ω,旅居车厢及用电设备均应进行接地保护。

②旅居车应设电源总开关,并设置漏电保护设施。

③旅居车内除起动机、点火电路、蓄电池及其充电电路外,其他电路均应设置电路断电器,低耗电器可设置公用电路断电器。

④旅居车应能采用外接电源供电,并具有电源转换装置与漏电保护功能。

11)无轨电车的特殊要求如下:

①周围空气相对湿度在75%~90%时,无轨电车的总绝缘电阻值应大于或等于3 MΩ;相对湿度在90%以上时应大于或等于1 MΩ。

②集电头自由升起的最大高度,距地面应小于或等于7 m,且在最高点应有弹性限位。当集电头距地面高度在4.2 m~6.0 m范围内时,集电器应能正常工作。

③线网在标准高度时,集电头对触线网的压力应能在80 N~130 N范围内调节,行驶中集电头在触线上滑行不应产生火花;经分、并线器及交叉器等时,不应产生严重火花。

④车门踏步和车门扶手以及人站在地面上能接触到的车门口周边的扶手,应和车体金属结构绝缘或用绝缘材料制成,使用1 000 V兆欧表测量时绝缘电阻应大于或等于0.6 MΩ,或在车门打开操作时实现整车高压电路系统与供电线网的断路互锁。

⑤各车门均应设有与车身导电良好的接地链。车门处于开启状态时,接地链应与地面可靠接触。

⑥高压电气总成应具备过流保护、短路保护、过压保护、欠压保护等功能。

⑦集电头应具备防挂线网防护或挂线后的防护装置。

⑧集电杆与集电头之间的电气绝缘应具备面耐水性。自集电头沿集电杆向下至2.5 m处的集电杆表面,应具有绝缘防护层。集电杆与集电头之间应有带绝缘结构的安全绳,安全绳的牵引断裂负荷不低于10 kN。

⑨无轨电车在允许的偏线距离内行驶时,集电杆拉紧弹簧断裂后,集电杆在车辆左右偏线位置自由下降,在其最低高度距地面2.5 m的位置应有限位装置。

⑩无轨电车上的电源接通程序,至少应经过两次有意识的不同的连续动作,才能完成从"电源切断"状态到"可行驶"状态。

⑪无轨电车应装备漏电检测报警器,车辆一旦到达漏电临界值,报警器能发出明显的光或声的报警信号。

2.9 行　驶　系

(1) 轮胎

1) 机动车所装用轮胎的速度级别不应低于该车最大设计车速的要求,但装用雪地轮胎时除外。总质量大于 3 500 kg 的货车和挂车(封闭式货车、旅居挂车等特殊用途的挂车除外)装用轮胎的总承载能力,应小于或等于总质量的 1.4 倍。

2) 公路客车、旅游客车和校车的所有车轮及其他机动车的转向轮不应装用翻新的轮胎;其他车轮若使用翻新的轮胎,应符合相关标准的规定。

3) 同一轴上的轮胎规格和花纹应相同,轮胎规格应符合整车制造厂的规定。

4) 乘用车用轮胎应有胎面磨耗标志。乘用车备胎规格与该车其他轮胎不同时,应在备胎附近明显位置(或其他适当位置)装置能永久保持的标识,以提醒驾驶人正确使用备胎。

5) 专用校车和卧铺客车应装用无内胎子午线轮胎,危险货物运输车辆及车长大于 9 m 的其他客车应装用子午线轮胎。发动机中置且宽高比小于或等于 0.9 的乘用车不应使用轮胎名义宽度小于或等于 155 mm 规格的轮胎。设置了符合 2.11 中(2)规定的车内随行物品存放区的公路客车的后轮若采用单胎,则后轮的轮胎名义宽度应大于或等于 195 mm。

6) 乘用车、挂车轮胎胎冠花纹上的花纹深度应大于或等于 1.6 mm,摩托车轮胎胎冠花纹上的花纹深度应大于或等于 0.8 mm;其他机动车转向轮的胎冠花纹深度应大于或等于 3.2 mm,其余轮胎胎冠花纹深度应大于或等于 1.6 mm。

7) 轮胎胎面不应由于局部磨损而暴露出轮胎帘布层。轮胎不应有影响使用的缺损、异常磨损和变形。

8) 轮胎的胎面和胎壁上不应有长度超过 25 mm 或深度足以暴露出轮胎帘布层的破裂和割伤。

9) 轮胎负荷不应大于该轮胎的额定负荷,轮胎气压应符合该轮胎承受负荷时规定的压力。具有轮胎气压自动充气装置的汽车,其自动充气装置应能确保轮胎气压符合出厂规定。

10) 双式车轮的轮胎的安装应便于轮胎充气,双式车轮的轮胎之间应无夹杂的异物。

(2) 车轮总成

1) 轮胎螺母和半轴螺母应完整齐全,并应按规定力矩紧固。客车、货车的车轮及车轮上的所有螺栓、螺母不应安装有碍于检查其技术状况的装饰罩或装饰帽(设计和制造上为防止生锈等情形发生而配备的、易于拆卸及安装的装饰罩和装饰帽除外),且车轮螺母、轮毂罩盖和保护装置不应有任何蝶型凸出物。

2) 车轮总成的横向摆动量和径向跳动量,总质量小于或等于 3 500 kg 的汽车应小于或等于 5 mm,摩托车应小于或等于 3 mm,其他机动车应小于或等于 8 mm。

3) 最大设计车速大于 100 km/h 的机动车,车轮的动平衡要求应与该车型的技术要求一致。

4) 专用校车、车长大于 9 m 的未设置乘客站立区的客车及总质量大于 3 500 kg 的危险货物运输货车的转向轮应装备轮胎爆胎应急防护装置。

(3)悬架系统

1)悬架系统各球关节的密封件不应有切口或裂纹,稳定杆应连接可靠,结构件不应有残损或变形。

2)钢板弹簧不应有裂纹和断片现象,同一轴上的弹簧形式和规格应相同,其弹簧形式和规格应符合产品使用说明书中的规定。中心螺栓和U形螺栓应紧固、无裂纹且不应拼焊。钢板弹簧卡箍不应拼焊或残损。

3)空气弹簧应无裂损、漏气及变形,控制系统应齐全有效。

4)减震器应齐全有效,减震器不应有滴漏油现象。

(4)空气悬架

总质量大于或等于12 000 kg的危险货物运输货车的后轴,所有危险货物运输半挂车,以及三轴栏板式、仓栅式半挂车应装备空气悬架。

(5)其他要求

1)车架不应有裂纹及变形、锈蚀,螺栓和铆钉不应缺少或松动。

2)前、后桥不应有裂纹及变形。

3)车桥与悬架之间的各种拉杆和导杆不应有变形,各接头和衬套不应松旷或移位。

4)三轴公路客车的随动轴应具有随动转向或主动转向的功能。

2.10 传 动 系

(1)离合器

1)机动车的离合器应接合平稳,分离彻底,工作时不应有异响、抖动或不正常打滑等现象。

2)踏板自由行程应与该车型的技术要求一致。

3)离合器彻底分离时,踏板力应小于或等于300 N(拖拉机运输机组应小于或等于350 N),手握力应小于或等于200 N。

(2)变速器和分动器

1)换挡时齿轮应啮合灵便,互锁、自锁和倒挡锁装置应有效,不应有乱挡和自行跳挡现象;运行中应无异响;换挡杆及其传动杆件不应与其他部件干涉。采用自动变速器的机动车,应通过设计保证只有当变速器换挡装置处于驻车挡("P"挡)或空挡("N"挡)时方可起动发动机(具有自动起停功能时在驱动挡["D"挡]也可起动发动机);变速器换挡装置换入或经过倒车挡("R"挡),以及由驻车挡("P"挡)位置换入其他挡位时,应通过驾驶人的不同方向的两个动作(驾驶人踩下制动踏板应视为一个动作)完成,但车速低于10 km/h时通过汽车电子控制技术能有效避免驾驶人误操作的除外。变速器出现功能限制使用情形时,对驾驶人应有警示信息提示。

2)在换挡装置上应有驾驶人在驾驶座位上即可容易识别变速器和分动器挡位位置的标志。如换挡装置上难以布置,则应布置在换挡杆附近易见部位或仪表板上。

3)有分动器的机动车,应在挡位位置标牌或产品使用说明书上说明连通分动器的操作步骤。

4)如果纯电动汽车和插电式混合动力汽车是通过改变电机旋转方向来实现前进和倒车两个行驶方向转换的,应满足以下要求,以防止当车辆行驶时意外转换到反向行驶:

①前进和倒车两个行驶方向的转换,应通过驾驶人不同方向的两个动作来完成;

②仅通过驾驶人的一个操作动作来完成,应使用一个安全设备使模式转换只有在车辆静止或低速时才能够完成。

(3)传动轴

传动轴在运转时不应发生振抖和异响,中间轴承和万向节不应有裂纹和/或松旷现象。发动机前置后驱动的客车的传动轴在车厢底板的下面沿纵向布置时,应有防止传动轴滑动连接(花键或其他类似装置)脱落或断裂等故障而引起危险的防护装置。

(4)驱动桥

驱动桥壳、桥管不应有裂纹和变形,驱动桥工作应正常且无异响。

(5)超速报警和限速功能

1)车长大于或等于 6 m 的客车应具有超速报警功能,当行驶速度超过允许的最大行驶速度(允许的最大行驶速度不应大于 100 km/h)时能通过视觉和声觉信号报警,但具有符合规定的限速功能或限速装置的除外。

2)三轴及三轴以上货车(具有限速功能或配备有限速装置,且限速功能或装置符合规定的除外)应具有超速报警功能,当行驶速度对混凝土搅拌运输车大于或等于 60 km/h、对其他货车大于或等于 100 km/h 时,能通过视觉和声觉信号报警。

3)公路客车、旅游客车和危险货物运输货车及车长大于 9 m 的其他客车、车长大于或等于 6 m 的旅居车应具有限速功能,否则应配备限速装置。限速功能或限速装置应符合 GB/T 24545 的要求,且限速功能或限速装置调定的最大车速对设置了符合 2.11 中(2)规定的车内随行物品存放区的公路客车应小于 70 km/h,对其他公路客车、旅游客车、车长大于 9 m 的其他客车和车长大于或等于 6 m 的旅居车不应大于 100 km/h,对危险货物运输货车不应大于 80 km/h。专用校车应安装符合 GB/T 24545 要求的限速装置,且调定的最大车速不应大于 80 km/h。

(6)车速受限车辆的特殊要求

低速汽车、轻便摩托车、正三轮摩托车、拖拉机运输机组等车速受限车辆应在设计及制造上确保其实际最大行驶速度在满载状态下不会超过其最大设计车速,在空载状态下不会超过其最大设计车速的 110%。

注:实际最大行驶速度是指车辆在平坦良好路面行驶时能达到的最大速度。

2.11 车　身

(1)基本要求

1)车身的技术状况应能保证驾驶人有正常的工作条件和客货安全,其外部不应产生明显的镜面反光(局部区域使用镀铬、不锈钢装饰件的除外)。

2)机动车驾驶室应保证驾驶人的前方视野和侧方视野。

3)车身和驾驶室应坚固耐用,覆盖件无开裂。车身和驾驶室在车架上的安装应牢固,不会因机动车震动而引起松动。

4)车身外部和内部乘员可能触及的任何部件、构件都不应有任何可能使人致伤的尖锐凸起物(如尖角、锐边等)。

(2)客车的特殊要求

1)专用校车的上部结构强度应符合 GB 24407 的规定,其他未设置乘客站立区的客车的上部结构强度应符合 GB 17578 的规定。车长大于 6 m 的专用校车应为车身骨架结构,同一横截面上的顶梁、立柱和底架主横梁应形成封闭环(轮罩与顶风窗处除外),从侧窗上纵梁到底横梁之间的车身立柱应采用整体结构,中间不应通过拼焊连接;车长小于或等于 6 m 的专用校车未采用上述结构的,应采用覆盖件与加强梁共同承载。车长大于 11 m 的公路客车和旅游客车及所有卧铺客车,车身应为全承载整体式框架结构。

2)客车车身及地板应密合并有足够强度。

3)客车应设置乘客通道或无障碍通路,并保证在不拆卸或手动翻转任何部件的情况下,符合规定的通道测量装置能顺利通过。幼儿专用校车乘客区应采用平地板结构(轮罩处的局部凸起除外)。

4)空载状态下,车长大于或等于 6 m 的设有乘客站立区的客车的乘客门的一级踏步高应小于或等于 400 mm;如采用钢板悬架,则后乘客门的一级踏步高应小于或等于 430 mm;车长大于或等于 6 m 的其他客车乘客门的一级踏步高应小于或等于 430 mm。对专用校车,在空载状态下,第一级踏步离地高应小于或等于 350 mm(允许使用伸缩踏步达到要求),其他各级踏步的高度应小于或等于 250 mm。

5)车长大于 7.5 m 的客车和所有校车不应设置车外顶行李架。其他客车需设置车外顶行李架时,行李架高度应小于或等于 300 mm、长度不应超过车长的三分之一。客车如有车底行李舱,则车底行李舱净高应小于或等于 1 200 mm;专用校车如有行李舱体,则行李舱体顶部离地面高度应小于或等于 1 000 mm。

6)专用校车前部应设置碰撞安全结构。若为前横置发动机,则发动机曲轴中心线应位于前风窗玻璃最前点以前;若为前纵置发动机,则发动机第一缸和第二缸的中心线应位于前风窗玻璃最前点以前;对车长大于 6 m 的专用校车,若其前部碰撞性能不低于前两种结构,可以不限定发动机布置形式。

7)幼儿校车、小学生校车的侧窗下边缘距其下方座椅上表面的高度应大于或等于 250 mm,否则应加装防护装置。

8)车长小于或等于 7.5 m 的公路客车,若在车内设有随行物品存放区,则存放区面积应大于或等于乘客区面积的 20% 并小于或等于乘客区面积的 25%,且存放区与乘客区之间应有安装牢固可靠的隔板或格栅有效隔离,隔板或格栅的安装高度应至车内顶部,格栅的网眼尺寸应小于或等于 100 mm×100 mm。

9)公路客车、旅游客车和未设置乘客站立区的公共汽车应装备单燃油箱,且单燃油箱的容积应小于或等于 400 L。

(3)货运机动车的特殊要求

1)货厢(货箱)应安装牢固可靠,且在设计和制造上不应设置有货厢(货箱)加高、加长、加宽的结构、装置。

2)货箱或其他载货装置,其构造应保证安全、稳妥地装载货物,栏板和底板应规整且具有足够的强度。集装箱运输车和集装箱运输半挂车的构造应保证集装箱运输过程中始终安全、稳妥地固定在车辆上。

3)货车和挂车的载货部分不应设置乘客座椅。

4)货车和挂车的载货部分不应设计成可伸缩的结构,但中置轴车辆运输列车的主车后部的延伸结构除外。

5)货车驾驶室(区)最后一排座位靠背最上端(前后位置可调座椅应处于滑轨中间位置,靠背角度可调式座椅的靠背角度及座椅其他调整量应处于制造厂规定的正常使用位置)与驾驶室后壁(驾驶区隔板)平面的间距对带卧铺的货车应小于或等于 950 mm,对其他货车应小于或等于 450 mm。

6)仓栅式载货车辆的载货部位应采用仓笼式或栅栏式结构。载货部位的顶部应安装有与侧面栅栏固定的、不能拆卸和调整的顶棚杆;顶棚杆间的纵向距离应小于或等于 500 mm。

7)自卸式载货车辆的车箱栏板应开闭灵活,锁紧可靠;根据需要应安装手动锁紧机构,确保在行驶中不自行打开,或自动开启装置失效时卸货安全。侧开式车箱栏板与立柱、底板之间以及后开式车箱后栏板与车箱后断面之间应贴合。

8)厢式载货车辆的货厢的顶部应封闭、不可开启(翼开式车辆除外),其与侧面的连接应采用焊接等永久固定的方式;货厢的后面或侧面应设有固定位置的车门。

9)侧帘式载货车辆应设置有竖向滑动立柱、横向挡货杆、托盘、固货绳钩等防护装置;且车厢内应设置有用于对货物进行必要固定和捆扎的固定装置,帘布锁紧装置应锁紧可靠。

10)所有集装箱车、集装箱运输半挂车的载货部位应采用骨架式结构。

11)液体危险货物运输罐式车辆的常压罐体应符合 GB 18564.1 和 GB 18564.2 的规定,且在设计和制造上其进料口、卸料口的型式、位置应考虑受到意外撞击时的安全防护要求。

12)危险货物运输货车应装备单燃油箱,且单燃油箱的容积应小于或等于 400 L。

(4)摩托车的特殊要求

1)两轮普通摩托车、两轮轻便摩托车的前后轮和边三轮摩托车的主车前后轮中心平面允许偏差应小于或等于 10 mm。

2)摩托车外部不应有朝外的尖锐零件,车身上其他道路使用者有可能接触到的外部零部件布置应符合 GB 20074 的规定。

3)两轮普通摩托车和边三轮摩托车主车的客座应设座垫、扶手(或拉带)和脚蹬。两轮普通摩托车扶手应符合 GB 20075 的规定。

4)前轮距小于或等于 460 mm 的正三轮摩托车,在设计和制造上应保证转弯时前部的两个车轮同时与地面接触并与车身整体倾斜。

作业与思考

1.利用网络资源,收集标准中所列出各类定义中的车辆图片,完成各类典型车型代表,进一步加深车辆认识。

2.选择某一车型,利用网络资料,全面对比各系统在标准框架下的技术状态。

3.利用思维导图,将车辆制动、转向、行驶、灯光及信号等系统,分别可能诱发的事故和事故演化,推理预测事故过程和可能性。

4.收集汽车技术状态检测的机构和方法,了解检测设备及收费,了解检测执行规定。

第3章　汽车事故查勘步骤与程序

学习重点
1. 掌握事故现场分类和基本概念,可用以准确描述事故现场,可用以记录事故现场情况。
2. 掌握事故查勘的步骤与方法。
3. 掌握事故查勘中的关键信息、唯一信息的收集方法。
4. 掌握事故证据和信息收集方法,养成客观理智的态度,会利用相关证据证明与否定。

保险公司承保的车辆出险以后,需要查勘人员及时进行现场查勘,并依据查勘结果进行定损。查勘定损人员所采用的现场查勘技术是否科学、合理,是现场查勘工作成功与否的关键,直接关系到事故原因的分析与事故责任的认定。查勘人员接到查勘任务后,应迅速做好相关准备,尽快赶赴事故现场,会同被保险人及有关部门进行事故现场的查勘工作。现场查勘一般应由两人参加,并应尽量在查勘第一现场。如果第一现场已被改变或清理,要及时调查、了解有关情况。

3.1　现场查勘概述

3.1.1　事故现场

(1)原始现场

原始现场也称第一现场,是指事故现场的车辆、物体以及痕迹等,保持着事故发生后的原始状态,没有任何改变或破坏的现场,这种现场保留了事故的原貌,可为事故原因的分析与认定提供直接证据,这是最理想的查勘现场。

(2)变动现场

变动现场也称移动现场,是指由于自然因素或人为原因,出险现场的原始状态发生改变的事故现场,包括正常变动现场、伪造现场、逃逸现场、恢复现场。

1)正常变动现场。导致出险现场正常变动的主要原因有:

①为抢救伤者而移动车辆,致使现场的车辆、物体或人员位置发生了变化。

②因保护不善,事故现场被过往车辆、行人破坏。

③由于风吹、雨淋、日晒、下雪等自然因素,事故现场被破坏。

④事故车辆另有特殊任务,比如消防车、工程救险车等在执行任务过程中出事故后,须驶离现场,致使出险现场发生了变化。

⑤在一些主要交通干道或繁华地段发生了交通事故,为疏导交通而导致出险现场变化。

⑥其他原因导致事故现场变化,如车辆发生事故后,当事人没有察觉而离开现场。

2)伪造现场。伪造现场是指事故当事人为逃避责任或嫁祸于人,有意改变现场、破坏原始状态的现场。

3)逃逸现场。逃逸现场是指事故发生后逃离事故现场,弃车逃逸,或人和车都在事故发生后逃离事故现场。

4)恢复现场。恢复现场是指事故现场撤离后,为分析事故或复核案件,需根据现场调查记录资料重新布置、恢复的现场。

3.1.2 现场查勘目的

现场查勘主要是为了了解事故发生的真实性并初步确定事故造成的损失。现场查勘在整个车险理赔环节中具有极其重要的地位。

现场查勘在理赔中的地位:

1)理赔服务的基础环节。

2)确定责任的关键依据。

3)开展核查的起始步骤。

4)风险控制的前沿阵地。

通过现场查勘需要回答七个问题:何时?何地?何情?何故?何人?何物?何事?

通过现场查勘,需要初步确定五个方面的内容,即现场查勘的"五定":

1)确定事故的真实性和发生事故的原因。

2)确定被保险人在事故中的责任。

3)确定被保险人与保险人之间的合同责任。

4)确定事故造成的损害程度、损失的具体项目。

5)确定事故造成的经济损失(在授权范围内)。

3.1.3 现场查勘原则

(1)树立为保户服务的思想,坚持实事求是原则

保险理赔要体现出保险的经济补偿职能。因灾害事故造成的影响,应及时安排修复,并保证车发生事故后,保险公司急车主之所急,所以要及时处理赔案,支付赔款,现场查勘。事故车辆修复定损及赔案处理,要坚持实事求是原则,在尊重客观事实的基础上,具体问题具体分析,既严格按条例办事,又要结合实际情况进行适当灵活的处理,让各方都满意。

(2)重合同、重信用、依法办事

保险人是否履行合同,就看其是否严格履行经济补偿义务。在处理赔案时,须加强法治观念,严格按条款办事,该赔的赔足,不该赔的不滥赔,同时还要向被保险人讲明道理,对于拒赔部分要讲事实、重证据、摆条款。

(3)坚决贯彻"主动、迅速、准确、合理"的八字理赔原则

1)主动。理赔人员对出险的案件积极、主动调查并了解和查勘现场,掌握出险情况,进行事故分析,确定保险责任。

2)迅速。理赔人员查勘、定损迅速,不拖沓,抓紧赔案处理,对赔案要核得准,赔款计算案

卷缮制快、复核、审批快。

3）准确。要求查勘、定损、赔款计算都要做到准确无误，不错赔、不滥赔、不惜赔。在这方面，所存在的问题主要有：同样案件，不同公司理赔尺度不一样；同一公司，不同理赔员理赔标准不一样；同一理赔员，不同保户理赔标准不一样。

4）合理。在理赔过程中，保险公司要本着实事求是的原则，严格按照条款办事。在定损过程中，要合理确定事故车辆的维修方案。

当然，"主动、迅速、准确、合理"的八字方针，要辩证统一地运用。如果片面追求速度，不深入调查了解，不对具体情况作具体分析，就盲目下结论，理赔者计算不准确、草率、不讲效率处理，可能发生错案，甚至引起诉讼纠纷；如果只追求准确、合理，忽视速度，不讲效率，赔案久拖不决，则会造成极坏的社会影响，损害保险公司形象。

3.2 现场查勘准备与要求

3.2.1 现场查勘准备工作

(1) 现场查勘前的准备

接到报案电话后，查勘人员要及时到现场。出发前需要做一些准备，携带现场查勘资料及工具，并保证资料可用、工具可靠工作。

资料主要包括出险报案表、保单抄件、索赔申请书、报案记录、现场查勘记录表、索赔须知、询问笔录、事故车辆损失确认书。

工具主要包括笔记本电脑、照明设备、通信工具、照相机、手电筒、卷尺、砂纸、笔、记录本、易碎贴、防御装备、反光背心、反光锥、反光牌等。

(2) 查阅抄单

1）保险期限。查验保单，确认出险时间是否在保险期限之内。对于出险时间接近保险起止时间的案件，要做出标记，重点核实。

2）承保的险种。查验保单记表，重点注意以下问题：车主是否只投保了交强险或第三者责任险；对于报案称有人员伤亡的案件，注意车主是否投保了车上人员责任险，以及车上人员责任险是否为指定座位。

(3) 确认车辆身份信息

查验、确认汽车身份信息，识别并记录车辆 VIN 代码。"VIN 代码"由一组字母和阿拉伯数字组成，共17位。它是识别一辆汽车不可缺少的有助于帮助现场勘查人员有效标识的工具，被誉为"汽车身份证"。VIN 的每位代码都代表着汽车某方面的信息。按代码顺序，可以识别出该车的生产国家、制造公司或生产厂家、车辆类型、品牌名称、车型系列、车身型式、发动机型号、车型年款（生产年份）、安全防护装置型号、检验数字、装配工厂名称和出厂顺序号码等。

3.2.2 现场查勘的要求

在现场查勘工作程序中，现场查勘人员应该关注的重点内容是车、人、证、事、痕五方面。

1）现场查勘人员接受查勘调度之后，应该在5分钟内联系被保险人，做到"当日调度，当日处用",先查勘第一现场,后查勘非第一现场,经联系有变化的查勘任务,应及时在系统中退回成电话通知调度。

2)保留了第一现场的事故必须查勘第一现场。

3)无第三方人身伤亡的单方事故,损失在1 000元以上的,原则上均须查勘第一现场或复查勘第一现场。

4)两车之间发生无人身伤亡的事故,依据相关法规已经撤离第一现场的,对属于交强险"互碰自赔"范围的,按"互碰自赔"的相关规定处理;对"互碰自赔"有疑问的或其他事故,应对事故车辆的相关各方核对碰撞痕迹,对痕迹有疑问的应当对第一现场进行复查,对单车损失在2 000元以上的应当复勘第一现场;对事故真相有疑问的案件,无论损失金额大小,未查勘第一现场的必须复勘第一现场。

5)对在高速公路上发生的事故,应依据事故发生地高速公路的管理规定,在确保安全的情形下进行勘查,并应该勘查第一现场。

6)造成物质损失的事故,原则上应该查勘或复查第一现场。

7)车漆单独损伤险、车轮单独损坏险、盗抢险、涉水损失险、火灾、自然、非大面积自然灾害事故、大面积自然灾害中有疑点的事故中,须查勘或复查第一现场,走访目击证人。

3.3 事故现场查勘方法与步骤

3.3.1 现场查勘基本方法

(1)沿着车辆行驶路线查勘法

要求事故发生地点的痕迹必须清楚,丈量与绘制现场图,进而能够确定事故原因。

(2)由内向外查勘法

适用于范围不大、痕迹与物件集中且事故中心点明确的出险现场,此时,可由中心点开始,按由内向外的顺序取证、摄影、丈量与绘制现场图,进而确定事故原因。

(3)由外向内查勘法

适用于范围较大、痕迹较为分散的出险现场,此时,可按由外围向中心的顺序取证、摄影、丈量与绘制现场图,进而确定事故原因。

(4)分段查勘法

适用于范围大的事故现场,此时,先将事故现场按照现场痕迹、散落物等特征分成若干的片或段,分别取证、摄影、丈量与绘制现场图,进而确定事故原因。

3.3.2 查勘步骤

(1)案情询问

一起保险事故发生后,查勘人员的询问内容很多,一般包括出险时间、出险地点、出险原因、出险经过、事故致财产损失、人员伤亡情况、施救情况等。询问的目的在于搜集证据,但需要注意证据搜集的合法性、制作的规范性、过程的技巧性、落款的重要性。

1)出险时间。查明出险时间的主要目的是判断事故是否发生在保险期限内。对接近保险期限起止时间的案件应特别注意,更应认真查实,排除道德风险。

为确认真实的出险时间,应仔细核对公安部门的证明与当事人的陈述时间是否一致,同时详细了解车辆的启程时间、返回时间、行驶路线、伤者住院时间等。如涉及装载货物出险的,还应了解委托运输单位的装货时间等。同时,对出险时间和报案时间进行比对,看是否在 48 小时之内。确定出险时间有时还可对事故原因的判断提供帮助。尤其是在一些特定时间、对一些特定的驾驶人群体,更是如此。

2)出险地点。出险地点分为高速公路、普通公路、城市道路、乡村便道和机耕道、场院及其他,在查勘时要详细写明,并记录出险地的地址、邮政编码。查明以上出险地点,主要是判断事故是否在此处发生,如果不是,要查明变动原因,对故意移动出险地点或谎报出险地点的,尤其要注意是否存在道德风险。同时,确定出险地点还可确定车辆是否超出保单所约定的行驶区域,是否属于在责任免除地发生的损失,如车辆在营业性修理场所出险、在收费停车场出险、驾驶教练车在高速公路行驶时出险等,在这些路段或场所发生的损失,或可拒赔,或可增加免赔率。

3)出险原因。查明出险原因是现场查勘的重点,要深入调查,利用现场查勘技术进行现场查勘,并采取多听、多问、多看、多想、多分析的办法,索取证明,搜集证据,全面分析。凡是与事故有关的重要情节,都要尽量收集以反映事故全貌。

注意应用好近因原则。火灾导致的车辆损坏,须有消防部门的证明;工程车辆、施工机械的损坏,须经当地安监部门证明。若驾驶人员有饮酒、吸食或注射毒品、被药物麻醉后使用保险车辆或无照驾驶、驾驶指定车辆与准驾车型不符、超载等嫌疑,应立即协同交警部门获取相应证人证言和检验证明。对于所查明的事故原因,应说明是客观因素还是人为因素,是车辆自身因素还是车辆理赔以外因素,是违章行驶还是故意违法行为。对于复杂或有疑问的理赔案件,要走访现场见证人或知情人,了解事故真相,做出询问记录,载明询问日期和被询问人地址并由被询问人确认签字。对于造成重大损失的保险事故,如果事故原因存在疑点难以断定,应要求被保险人、造成事故的驾驶人、受损方对现场查勘记录确认并签字。

4)出险经过。出险经过应要求当事驾驶人自己填写,并与公安部门的事故证明进行比对,两者应基本一致或关键内容一致。一般说来,事故发生后,会有受理处理的机关,这需要注明;特别是那些非道路事故,更应该强调注明处理机关的名称。

5)事故致财产损失。施救受损财产是查勘人员的义务,所以查勘人员到达事故现场后,如果险情尚未控制,应立即同被保险人及有关部门共同研究、确定施救方案,采取合理施救措施,以防损失进一步扩大。

车辆受损包括标的车和三者车。如果当地修理价格合理,应安排就地修理,不得使车辆带"伤"行驶。如果当地修理费用过高,需拖回本地修理的,拖车时应采取防护措施,拖拽牢固,以防再次发生事故,扩大损失。如果无法修复的,应妥善处理残值部分。

查清标的车上的货物损失、三者车上的货物损失和其他财产的损失情况,查清事故各方所承担的事故责任比例,确定损失程度。标的车上的货物损失需记录物品品名、规格、型号、数量、发运地、目的地、发票(或运单)、生产厂家等内容;三者车上的货物损坏和外界固定物的损坏,也必须记录规格、型号、数量等信息。

6)人员伤亡情况。具体了解车上人员、车下人员伤亡情况,在第一时间准确区分出谁是车上人员,谁是第三者。记录伤亡人员的姓名、性别、年龄及基本伤情、医疗单位名称。

7)施救情况。相关规定发生的费用,保险公司可以给予报销。

8)使用非专业单位的消防设施所消耗的费用及设备损坏可以赔偿。

9)出险后雇用吊车和其他车辆抢救的费用以及将保险标的托运至修理厂的运输费用在当地物价部门的收费标准内予以负责。

10)施救费用。需要贯彻分摊原则,既要按事故责任分摊施救费用,又要注意保险标的与非保险财产的比例分摊费用。

11)投保情况。通过对投保情况的询问,可以有效区分是否属于保险责任。

12)保险期限。查验出险时间是否在保险合同约定的有效期限之内,要充分注意在保单起止日10天之内的报案,尽可能排除道德风险。

13)交费情况。对于投保车辆比较多的集体保户,要审验其是否已经全额交费。假如没有全额交费,核实当初是否约定了比例赔付,如果约定了比例赔付,就要根据当初的约定适当扣减赔付款。

14)承保险种。明确投保的险种,对于界定相关赔偿至关重要。

15)汽车被盗原因分析。承保的机动车被盗窃、抢夺、抢劫之后,查勘定损人员要通过询问及时了解以下信息:

①保险车辆是否属于只是车上零部件或附属设备被盗窃或损坏?车辆是否属于被诈骗、罚没、扣押造成的损失?

②被保险人有无因民事、经济纠纷而导致保险车辆被抢劫、抢夺?

③被保险人有无将非营业标的从事出租或租赁行为?

④有无租赁车辆与承租人同时失踪的现象?有无被保险人及其家庭成员、被保险人允许的驾驶人故意行为或违法行为造成的损失?

假如存在上述任何一种现象,都属于责任免除的范围,保险公司无须担责。

(2)嗅闻

在事故发生后,车辆的机械、电气以及燃料等在外力破坏作用下,有可能出现燃料洒漏、加热、蒸发、碳化、燃烧等复杂现象,而相关反应将会留下某些特殊气味。车辆作为一种运输工具,随车携带的物品也具有不同性质,由于事故后的泄露或者其它作用,也会产生相应气味。车辆本身的机构中,除金属部分外,还有大量塑料、织物、毛皮等材料,在经过加热、烘烤或者燃烧后,也会产生特殊气味。在进行事故现场查勘中,无须单独进行嗅闻查勘工作,但进入现场后要仔细观察并留意在现场的某些特殊气味,更有利于判断事故发生过程。尤其对于某些碰撞火灾事故,嗅闻往往能发现某些特殊线索。

(3)证件资料查看

1)出险车辆。查明出险车辆是否属于标的物。

①查验汽车牌照与保单记载的是否一致;查验临时牌照的真实性、有效期、使用地;出险时是否仍在有效期内;临时牌照规定的行驶路径与出险地点是否相符。

②查验行驶证登记的车辆类型,是否为保险公司允许承保的车辆类型,以核实行驶证所登记的车辆类型与保单是否一致,被保险人是否履行了如实告知的义务,保险费率的选择是否正确;查验行驶证上的彩照与实物是否相符;对行驶证的纸质、印刷质量、字体、字号是否存在疑问;查验行驶证上的防伪标记,看是否有伪造嫌疑。

③核对行驶证副页上的检验合格章,查看车辆是否在法定检验有效期内。(注意:最常见的伪造,就是行驶证副页上的检验合格章不是由相关部门按时检验的加盖的。)

④查验 VIN 码与保单记载的是否一致。详细记录事故车辆已行驶里程、随车保险证明,并与保险单或批单核对是否相符。

⑤查明车辆出险时的使用性质是否与保险单记载的一致,以及是否运载着危险品。

⑥查看车辆结构有无改装或加装。

⑦新车质量。

⑧维修保质期。目前,几乎所有的新车都有生产厂家标明的免费维修规定,在这个期限内,汽车所发生的质量事故,由生产厂家负责解决。

⑨合法使用情况验证。合格机动车不合规定使用的情况主要体现在两个方面:使用性质不相符;违章装载。

⑩如果是与第三方车辆发生事故,还应查明第三方车辆的基本情况。

2)驾驶人情况。根据保险条款的规定,只有车主允许的合格驾驶人驾驶被保险车辆时,由于非故意原因导致的损失,才有可能得到赔付(未必一定得到赔付),因此,验明驾驶人身份十分必要。

验明驾驶人身份主要包括以下方面:

①通过查看驾驶证真伪,确定驾驶被保险车辆驾驶人。

②通过查看驾驶证类型,确定驾驶保险车辆者是否具有驾驶该车的资格。如 C 本驾驶大客车、B 本驾驶大客车、军本驾驶民车、民本驾驶军车、普通本驾驶危险品运输车等,都属于不具备驾驶相关车辆的资格。

③查验保单,并比照驾驶证以及公安部门的证明,看是否是保单约定驾驶人驾驶被保险车辆出的险。

④通过询问,确定是保险人允许的驾驶人驾驶被保险车辆出的险。

⑤通过询问和其他方式,确认驾驶人是否为酒后、吸毒或者服用了相关免责范围的药物后驾驶被保险车辆出的险。

3)出险现场的车损情况。通过查看现场状况,对比事故的损坏情况,可以分析出基本的事故情况。

分析事故损坏时,应重点把握碰撞点,假如是正面碰撞,第一接触点一般应该是前保险杠。如果碰的是树,前保险杠上会有树皮;如果碰的是电线杆,前保险杠上会有灰油漆;如果撞的是墙,前保险杠上会有土房、砖;如果碰的是护栏,前保险杠上一般会有油漆、金属屑。

4)出险现场的车载货损情况。

5)出险现场的人员伤亡。通过分析伤亡人员所处的位置,车上物体及地面所遗留的痕迹等,准确判断伤亡人员中究竟谁是车上人员、谁是第三者。

(4)方位参数测量

现场丈量前,要认定与事故相关的物体和痕迹,然后逐项丈量并做好相应记录。

1)确定事故现场方位。事故现场的方位以道路中心线与指北方向的夹角来表示。如果事故路段为弯道,以进入弯道的直线与指北方向夹角和转弯半径表示。

2)事故现场定位。事故现场的定位方法有三点定位法、垂直定位法、极坐标法等。三种定位方法都先需要选定一个固定现场的基准点,基准点必须具有永久的固定性,比如可选有标号的里程碑或电线杆。

三点定位法是用基准点、事故车辆某一点以及基准点向道路中心线作垂线的交点三个点所形成的三角形来固定现场位置,所以此时只需要量取三角形各边的长度即可。

垂直定位法是用经过基准点且平行于道路边线的直线与经过事故车辆某一个点,且垂直于道路边线的直线相交所形成的两个线段固定事故现场,所以该方法只需要量取基准点与交点、交点与事故车辆某点两条线段的长度即可。

极坐标法是用基准点与事故车辆某点连接形成线段的长度以及线段与道路边线垂直方向的夹角来固定事故现场,所以该方法只需量取线段长度和夹角度数即可。

3)道路丈量。道路的路面宽度、路肩宽度以及边沟深度等参数一般都需要丈量。

4)车辆位置丈量。事故车辆位置用车辆的四个轮胎外缘与地面接触中心点到道路边缘的垂直距离来确定,所以只需量取四个轮的距离即可。车辆行驶方向可根据现场遗留的痕迹判断,如从车上滴落的油点、水点,一般其尖端的方向为车辆的行驶方向。

5)制动印痕丈量。直线形的制动印痕的拖印距离直接测量即可;量取弧形制动印痕的拖印距离时,一般先分四个弧形印痕,分别丈量等分点至道路一边的垂直距离,再量出制动印痕的长度即可。

6)事故接触部位丈量。事故接触部位的丈量,关键是先准确判定事故接触部位。事故接触部位是形成事故的作用点,是事故车辆的变形损坏点,因此,可根据物体的运动、受力、损坏形状以及散落距离等因素,科学判断事故的接触部位。对其丈量时,一般应测量车与车、车与人,或者车与其他物体接触部位距地面的高度、接触部位的形状大小等。

7)其他丈量。如果事故现场还有毛发、血皮、纤维、车身漆皮、玻璃碎片、脱落的车辆零部件、泥土、物资等遗留物,并且它们对事故认定起着重要作用,则一并需要丈量它们散落的距离或黏附的高度等。

(5)现场摄影

现场摄影是真实记录现场和受损标的客观情况的重要手段之一,它比现场图和文字记录更直观地反映现场和事故车辆的情况,它是处理事故的重要证据。查勘照片质量的好坏直接影响案件证据保留的有效性、核查的准确性及研究的客观性。因此,现场摄影已经成为勘查的一项重要工作。

1)现场摄影的原则。对事故现场进行摄影时一般应遵循以下原则:应有反映事故现场全貌的全影照片;应反映受损车辆号牌及受损财产部位和程度的近景照片;要有某些重要局部(比如保险标的发动机号码、车辆VIN代码等)的特写照片;应坚持节省的原则,以最少的照片数量反映事故现场最佳的效果。

2)现场摄影的要求。现场摄影主要有以下要求:

①有第一现场的,必须拍摄现场全景照片。

②拍摄带有车牌号与损伤部位的全景照片。

③拍摄能反映车辆局部损失的特写照片。

④拍摄必须保证成像清晰度,夜间拍摄时应考虑闪光灯的使用距离,必要时可借用查勘车、手电筒灯光,找固定物支撑相机以慢速曝光(不用闪光灯)拍摄。

⑤查勘拍摄是固定和客观记录交通事故相关证据的重要手段,必须真实、全面反映被拍摄的对象,不得有艺术加工成分。

⑥拍摄较大事故的车损照片时,应拍好两个45°照片。即使有一侧未受损,也应拍摄,以防施救时扩大损失或在修理厂拆检后多列换件、维修项目;同时,拍摄车辆后部的45°照片还能

将出险车辆的后围板上或行李箱盖上的厂牌型号信息清楚地反映出来,方便核对、核赔人员对标的车型准确确认。

⑦照片较多时,应对影像系统分别建立"现场照片""未拆检整车照片""校检照片""回勘照片"等多个子文件夹,便于核损、核赔时审查。

3)现场摄影的方式。现场摄影时,应根据事故的实际情况和具体拍摄目的,选择不同的拍摄方式。

①方位摄影。方位摄影主要用在对事故发生地所处环境拍摄,反映事故发生地环境特征,一般采用以由高向低的俯角拍摄整个事故现场范围,如一张照片无法包括的,可采用平行连续拍摄或回转连续拍摄的方式拍照(俗称接片)。另外,可将出险地一些明显标志物拍摄进来,如路牌、里程碑、方向指示牌等。此拍摄方式重在突出事故现场的全貌,目的是反映出事故车辆与其他物体之间的关系。

②中心摄影。即以事故接触点为中心,近距离拍摄反映事故接触的各部位及其相关部位的局部照片,如接触点、车辆及物体的主要损伤痕迹位置。注意在拍摄时用卷尺标注高度、长度。此拍摄方式重在突出拍摄现场的中心地段,目的是反映出事故损坏部位及其相关部位的特点、状态。

③细目摄影。细目摄影是采用近距或微距拍摄路面、车身、人体、固定物上的痕迹特征照片的拍摄方式。如车身上附着其他车辆油漆、轮胎痕迹及沾有血迹的位置等。用此方式拍摄时一般以镜头的主光轴垂直于被摄痕迹面,慎用闪光灯,特别是拍摄白色等浅色物体时不要用闪光灯。对细小的痕迹应摆放比例尺拍摄,目的在于突出各个具体物证,反映出重要物证的大小、形状、特征。

④概览摄影。概览摄影是以中远距离拍摄事故现场的车辆、路面散落物、被撞物体(人、车、固定物)的位置及相互关系的摄影方式。可以从出险车辆的顺向、逆向行驶方向或路中、路边等多方位拍摄来交代出险标的车与事故相对物体的位置、关系。

⑤宣传摄影。即运用技巧突出反映事故某一侧面的拍摄。此拍摄方式重在突出事故某一侧面的状态、特点,目的是为了相关宣传和收集资料。

4)现场摄影的方法。常见的现场摄影方法有相向拍摄、十字交叉拍摄、连续拍摄和比例拍摄四种。

①相向拍摄法,即从两个相对的方向对现场中心部分进行拍摄。该方法可较为清楚地反映现场中心两个相对方向的情况。

②十字交叉拍摄法,即从四个不同的地点对现场中心部分进行交叉的拍摄。该方法可从前、后、左、右四个角度准确反映现场中心的情况。

③连续拍摄法,即将面积较大的事故现场分段拍摄。为获得事故现场完整的照片,需对分段照片进行接片,所以在分段拍摄时,各照片取景应略有重合,并要求同样的拍摄距离和光圈等。

④比例拍摄法,即将带有刻度的尺子放在被损物体旁边进行摄影。该方法可确定被拍摄物体的实际大小和尺寸,常用于痕迹、碎片以及微小物证的摄影。

5)现场摄影的一般技巧。现场摄影有一定的技巧,需要查勘人员事先掌握,如取景、接片技术在现场拍摄中的运用,滤色镜的使用,事故现场常见痕迹的拍摄,等。拍摄者要突出拍摄意图,把想表现的部位(损伤处)拍下来。现场摄影的一般技巧有:

①取景。取景时,应根据拍摄的目的和要求,合理确定拍摄的角度、距离和光照,力求所要表达的主体物明显和准确。

根据拍摄者立足点和被拍物体方位,拍摄角度可分俯视拍摄、平视拍摄、仰视拍摄、正面拍摄和侧面拍摄等。根据拍摄者立足点和被拍物体的远近,拍摄距离可分为远景拍摄、中景拍摄、近景拍摄和特写拍摄等。根据光线和拍摄方向,拍摄光照可分为正面光拍摄、侧面光拍摄和逆光拍摄等。针对车前的损坏,可以从中心轴线与平行方向及直角方向开始,向其损伤部位的45°拍摄,从水平位置5个方向分别拍摄。

②为了记录事故的发生地,应尽量选择静止的固定参照物进入拍摄画面。如果事故车辆已经被拖到了停车场,而在现场或停放处与其他车辆间的间隔狭窄,给拍摄带来一定的困难,则应尽量将其他车辆移开(在现场挪动须事先得到交警许可或当事双方的承诺),保证适当的角度来拍摄较好反映损伤的照片。

③内部与底部有损伤时的拍摄。当内部发生损伤时,应打开发动机罩或行李箱盖,清楚地拍摄内部损伤情况。当制动系统、行驶系统及侧梁发生损伤时,尽量进行底部拍摄,拍摄时需要将车举起并锁死,以确保拍摄者的安全。

④总成或高价值的零部件一定要拍摄照片,小的损失、低值零件视情况拍摄。

⑤翻砂件(如发动机气缸体、变速器外壳、主降速器外壳等)发生裂纹时,直接拍摄无法反映出裂纹,可以先在裂纹处涂抹柴油,再将滑石粉或粉笔洒在油上,用小锤敲击裂纹附近,形成一条线后再拍摄。电脑损坏后所拍摄的应反映其变形。

⑥对碰撞痕迹的拍摄,要通过合理选择拍摄角度和光线,以准确反映其凹陷、隆起、变形、断裂、穿孔或破碎等特征。对于较小、较浅的凹陷,一定要采用侧面光、反光板、闪光灯等进行拍摄。

⑦对于刮擦痕迹,如果为有颜色物质,可选用滤色镜拍摄,突出被粘挂物。

⑧拍摄血迹时,应选用滤色镜拍摄。如血迹滴落在泥土粘污的油路上,可用黄色滤色镜拍摄。

⑨拍摄制动拖印时,为反映制动拖印的起止点及其特征,可对拖印起点用白灰或者树枝等进行标记,并注意反映起点与中心线或路边的关系。

⑩现场拍摄时,可采用数码相机和光学相机两种工具。数码相机拍摄的照片便于计算机管理,便于网上传输,成像快,但缺点是易被修改、伪造,而光学相机正好相反。

6)照片的编辑。拍摄的照片,需要进行恰当的编辑,以符合保险公司的相关要求。

①按照照片的属性(现场照片、未拆检照片、拆检照片、回勘照片)进行分类编排。

②按照时间顺序(查勘日期、录入日期)进行编排。

③按照事故的发生过程进行编排。

(6)物证收集

物证是分析事故原因最为客观的依据,收取物证是现场查勘的核心工作。事故现场物证的类型有散落物、附着物和痕迹。

1)散落物。散落物可分为车体散落物、人体散落物和他体散落物三类。车体散落物主要包括零部件、钢片、木片、漆片、玻璃、胶条等;人体散落物主要包括事故受伤人员的穿戴品、携带品、器官或组织的分离品;他体散落物主要包括事故现场人、车之外的物证,如树皮、断枝、水泥、石块等。

2)附着物。附着物可分为喷洒或黏附物、创痕物与搁置物三类。喷洒或黏附物主要包括血液、毛发、纤维、油脂等;创痕物主要包括油漆微粒、橡胶颗粒、热熔塑料涂膜、反光膜等;搁置物主要包括织物或粗糙面上的玻璃颗粒等。

3)痕迹。不同的痕迹,各有其形状、颜色和尺寸,往往是事故过程某些侧面的反映,因此也是事故现场物证收集的重点。痕迹可分为车辆行驶痕迹、车辆碰撞痕迹及涂污与喷溅痕迹三类。

车辆行驶痕迹主要包括轮胎拖印、压印和擦印等。

车辆碰撞痕迹主要包括车与车之间的碰撞痕迹、车与地面之间的碰撞与擦刮痕迹、车与其他物体之间的碰撞与擦刮痕迹。车与车之间的碰撞痕迹包括正面与正面、正面与侧面、追尾等的碰撞痕迹;车与地面之间的碰撞与擦刮痕迹常见于车辆倾覆或坠落的事故;车与其他物体间碰撞与擦刮痕迹主要有车与路旁建筑物、道路设施、电杆、树木等的接触而产生的痕迹。

涂污与喷溅痕迹主要包括油污、泥浆、血液、汗液、组织液等的涂污与喷溅。

(7)绘制现场图

对重大赔案的查勘应绘制事故现场草图。事故现场草图应在出险现场当场绘制,由于是在查勘现场绘制,且绘制时间较短,所以对事故现场草图不要求十分工整,只要求内容完整,尺寸数字准确,物体位置、形状、尺寸、距离的大小基本成比例即可。

1)事故现场草图的基本内容。事故现场草图要反映出事故车的方位、道路情况及外界影响因素,要表明车辆以及与事故有关的遗留痕迹和散落物的相互位置。

简单的平面图加上适当文字说明,即可反映出事故现场概况。如果道路线形复杂,为准确表达事故现场的空间位置和道路纵横断面几何线形的变化,事故现场草图也经常采用立体图或剖面图等。

2)事故现场草图的绘制过程。

①选比例:根据出险情况,选用适当比例进行草图的总体构思。

②画轮廓:按照近似比例画出道路边缘线和中心线,确定道路走向,在图的右上方绘制指北标志。标注道路中心线与指北线的夹角。

③画车辆:以同一近似比例绘制出险车辆,再以出险车辆为中心绘制各有关物体图例。

④标尺寸:根据现场具体条件,选择基准点和定位法,为现场出险的车辆、主要物品、痕迹定位并标注尺寸。

⑤小处理:根据需要绘制立体图、剖面图和局部放大图,必要的地方加注文字说明。

⑥先校核:两名查勘人员,一名负责绘制现场草图,另一名负责校核。

⑦后签名:绘制完成由绘图人、勘查人、当事人、见证人分别签字,选用一定比例和线型,工整准确地绘制出正式的事故现场图,它是理赔和申请诉讼的依据。

(8)填写查勘报告

现场查勘结束后,还有一项重要的工作就是填写查勘报告。填写查勘报告时具体有以下要求。

1)统一的样式。现场查勘工作非常重要,而现场查勘的内容又非常多,为防止期间人员疏忽某些细节,同时为规范查勘工作,各保险公司一般都制定有机动车辆保险现场查勘记录,查勘人员根据现场查勘情况,如实记录现场查勘记录表即可。

2)现场查勘报告的制作记录人要求。不论赔案大小,均应撰写现场查勘报告,而且要实事求是,是第一现场查勘、复勘还是没有查勘第一现场均应如实填写,手工填写的查勘人员应当签名并事后录入系统中。

3)现场查勘报告的主要内容应该包括出险情况、车辆情况、道路情况、报案情况等。重点是客观表述现场所见情况,对碰撞痕迹、事故发生原因、驾驶人员状态进行分析,分析内容主要围绕保险条款要素,但不对是否构成保险责任进行结论性分析。

作业与思考

1. 利用所学知识,分析原始现场后续演变规律。
2. 利用逻辑结构图,编制不同类型事故查勘作业计划,编制查勘步骤指南。
3. 以某一实验车为例,收集汽车唯一性信息和汽车状态信息,并形成记录表。
4. 以网络上的事故为例,分析和掌握该事故查勘中获得的信息,以及信息获得手段。

第4章　车辆事故与损伤形式

学习重点

1. 掌握常见事故形式，以及不同事故形式造成车辆外部损伤。
2. 掌握汽车事故造成的冲击力传递路线，从碰撞点出发，利用构造和力学知识分析可能存在的非显性损伤。
3. 掌握汽车构造基础，会综合显性与非显性损伤，形成事故损伤判断。
4. 掌握汽车损伤部分功能恢复的基本方案。

车辆事故千奇百怪，事故车的损坏情况也千差万别。车身结构不同的车辆在同类事故中受到的损坏也可能大不相同。要想对事故车做出精确估损，估损人员必须了解不同车辆结构在各种事故中的损伤类型。在那些比较严重的事故中，车身或车架通常会发生歪曲、褶皱、扭曲等变形，在估损时需要确定哪些零件需要更换，哪些需要维修，而大多数维修操作（如拉伸、钣金、喷漆等）的工时在估损手册或主机厂工时手册中一般都不提供，这大大增加了估损人员精确估损的难度。但是，只要估损人员在事故查勘时注意查看事故现场和事故车辆，尽可能多地了解和记录事故发生时的详细情况，就能够比较准确地分析出车辆损坏情况，提高估损的精度。

4.1　常见的碰撞类型

汽车碰撞事故是指汽车与汽车或汽车与物体之间发生相互碰撞，从而造成车辆损坏、被撞物损坏甚至人员伤亡等各种损失。按照碰撞方向和事故所导致的后果，可将车辆事故分为正面碰撞、侧面碰撞、尾部碰撞和翻车等几种类型。以下我们以轿车为例说明常见的几种事故及其损坏情况，见表4-1。

表4-1　轿车常见事故及其损坏情况

碰撞形态	碰撞方向	碰撞后果	车辆的主要变形和损坏部位
	两车正面碰撞	A、B两车前部受损	保险杠面罩及保险杠、格栅、两侧前照灯、空调冷凝器、发动机散热器及其支架等，严重时损坏范围会扩大至发动机室盖、翼子板、纵梁、前悬架机构，甚至导致安全气囊膨开

续表

碰撞形态	碰撞方向	碰撞后果	车辆的主要变形和损坏部位
	两车正面一侧碰撞	A、B两车前部的一侧受损	保险杠面罩及保险杠、格栅、一侧前照灯、一侧翼子板,严重时损坏范围会扩大到空调冷凝器、发动机散热器及其支架、发动机室盖、一侧纵梁、一侧悬架机构、一侧安全气囊膨开
	两车正面一侧刮碰	A、B两车均为正面一侧面受损	一侧的后视镜、前后门、前后翼子板刮伤,严重时前风窗玻璃破碎和框架变形、一侧包角,前门立柱、前照灯等损坏
	斜角侧面碰撞发动机室位置	A车为侧面碰撞受损、B车为前部碰撞受损	A车一侧前翼子板、前悬架机构、侧面转向灯等损坏,严重时一侧前翼子板报废,发动机室盖翘曲变形、前门立柱变形、发动机移位等。B车前保险杠面罩及转角部、前翼子板、一侧前照灯等损坏,严重时一侧翼子板将严重损坏,并会导致侧前悬架、轮胎、空调冷凝器、干燥器、高压管、发动机散热器及其支架等部件受损,安全气囊膨开,发动机室盖变形
	两车斜角侧面碰撞前门位置	A车为侧面碰撞受损、B车为前部碰撞受损	A车前门、前柱、中柱、后门轻微变形,门窗玻璃破损,严重时损坏范围会扩大至仪表板、门槛板、车顶板、一侧翼子板和一侧前悬架机构。B车前保险杠面罩及转角部、前翼子板、一侧前照灯等损坏,严重时损坏范围会扩大至空调冷凝器、干燥器、发动机散热器及其支架、高压管、发动机室盖等部件,安全气囊膨开

第4章 车辆事故与损伤形式

续表

碰撞形态	碰撞方向	碰撞后果	车辆的主要变形和损坏部位
	两车斜角侧面碰撞后门位置	A车为侧面碰撞受损、B车为前部碰撞受损	A车后门、中柱变形、门窗玻璃破损,严重时前后门不能开启、后侧围变形、前后门框、门槛板变形,等。损坏范围会扩大至前门及相连机构。 B车前保险杠面罩及转角部、前翼子板、一侧前照灯等损坏,严重时损坏范围会扩大至空调冷凝器、干燥器、发动机散热器及其支架、高压管、发动机室盖等部件,安全气囊膨开
	两车斜角侧面碰撞行李箱位置	A车为侧面碰撞受损、B车为前部碰撞受损	A车后侧围变形,严重时后侧围板严重损坏,后门框、后窗框、后柱、后轮及后悬架等部件受损,行李箱盖变形,等。 B车前保险杠面罩及转角部、前翼子板、一侧前照灯等损坏,严重时一侧前悬架和一侧翼子板严重损坏,空调冷凝器、干燥器、高压管、发动机散热器及其支架、发动机室盖等部件受损,安全气囊膨开
	两车垂直角度碰撞	A车是侧面受损,B车是正面受损	A车中柱呈凹陷变形,前后车门框及门槛板变形,前后车门翘曲变形,严重时损坏范围会扩大至车底板、车顶板甚至车身整体变形、轴距缩短、门窗玻璃破碎等。 B车保险杠面罩及保险杠、格栅、两前照灯损坏等,严重时损坏范围会扩大至发动机散热器及其支架、空调冷凝器、高压管、发动机室盖、翼子板、纵梁等,甚至发动机后移,安全气囊膨开

续表

碰撞形态	碰撞方向	碰撞后果	车辆的主要变形和损坏部位
	两车正面追尾碰撞	A车为后部碰撞受损，B车为前部碰撞受损	A车后保险杠面罩及保险杠、后车身板、行李箱盖等变形，两侧尾灯损坏，严重时会导致两侧围板变形、行李箱底板变形、后悬架机构位置变形等。 B车保险杠面罩及保险杠、格栅、两侧前照灯损坏等，严重时会导致发动机散热器及其支架、空调冷凝器和相关部件损坏，发动机室盖、翼子板变形，发动机后移，纵梁损坏等
	两车正面一侧追尾碰撞	A车是尾部一侧受损，B车是前部一侧受损	A车尾部一侧保险杠面罩及保险杠、一侧尾灯、侧围板变形，严重时损坏范围会扩大至行李箱盖、行李箱底板等。 B车保险杠面罩及保险杠、格栅、一侧前照灯、翼子板损坏，严重时会导致散热器及其支架、空调冷凝器、发动机室盖、侧翼子板和悬架机构损坏，甚至一侧安全气囊膨开
	翻车，汽车顶部全面触地	易造成车身整体变形，局部严重损坏	顶板横梁、纵梁变形，顶板塌陷，车身前柱、中柱、后柱均会变形，翻滚过程中可能会造成车身侧面损坏，如车门、翼子板、后侧围板等，严重时会使整体车身变形
	汽车正面与面积较大的物体碰撞	碰撞面积较大，损坏程度相对较小一些	保险杠面罩及保险杠、格栅、两侧翼子板轻微变形，严重时两侧翼子板会严重变形，前照灯、空调冷凝器、发动机散热器及其支架、发动机室盖甚至车门、风窗玻璃、纵梁会损坏，安全气囊会膨开

续表

碰撞形态	碰撞方向	碰撞后果	车辆的主要变形和损坏部位
	汽车正面与面积较小的物体碰撞	碰撞面积较小,损坏程度相对较大一些	保险杠面罩及保险杠、格栅、空调冷凝器、发动机散热器及其支架、发动机室盖损坏,严重时两侧翼子板严重变形,前悬架机构,甚至扩大到后悬架机构受损

从表 4-1 中可知,车辆在不同的事故中受到的损伤是不一样的。因此,了解车辆事故类型对事故查勘和车辆估损具有重要意义。其实,在实际生活中我们几乎看不到两起一模一样的车辆事故,碰撞事故可能还有许多其他的形式和组合,如车辆在一次事故中发生多次碰撞,或者多车连环相撞,等等。估损师要想做出精确的估损,关键是要搞清楚事故的前因后果,尽量获取更多的事故现场信息和车辆信息,必要时甚至要借助科学的测量手段。

4.2 碰撞损坏分析

4.2.1 碰撞力对车辆变形的影响

在事故中,车辆的直接损坏是由碰撞力引起的。碰撞力的大小和方向不同,对事故车造成的损坏也不同。

碰撞力越大,对车辆的损坏就越大。车辆与被撞物体的相对速度越大、被撞物的刚度越大、接触面积越小,产生的碰撞力就越大,对事故车造成的损坏就越大。

另外,碰撞力的方向对事故车的损坏程度也有很大的影响。为了分析碰撞力对车辆变形的影响,我们可以将碰撞力沿着 X 轴、Y 轴和 Z 轴三个方向分解成三个分力,如图 4-1 所示。X 轴方向的分力使车辆横向产生挤压和弯曲变形,Y 轴方向的分力使车辆纵向产生挤压和变形,Z 轴方向的分力使车辆产生向上或向下的拱曲或凹陷变形。各个方向的损坏情况取决于分力的大小,而分力大小与碰撞力的大小和作用方向有关。

碰撞力除了对车辆部件产生直接损坏之外,还对车辆产生扭转力矩作用,如图 4-2 所示。这个力矩的大小与碰撞力的大小成正比,也与碰撞力作用线距离车辆质心的距离成正比。如果碰撞力刚好穿过质心,那么力矩就为 0,也就是不会使车辆产生旋转倾向,碰撞力完全由车辆吸收,这会对车辆零部件产生较大的损坏。如果碰撞力不是刚好穿过质心,就会使车辆产生旋转,旋转角度的大小取决于力矩的大小。这就是为什么我们在实际事故中经常能够看到被撞车辆明显产生偏转甚至掉头现象。但在这种情况下,一部分碰撞力用于推动车辆转动,减小了车辆本身的受力,可能会减轻车辆的损坏程度。不幸的是,在车辆旋转过程中,往往容易因二次碰撞而造成更大的破坏。

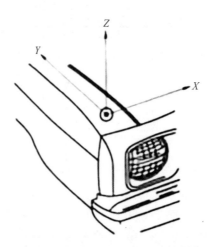

图 4-1 碰撞力对车辆变形的影响

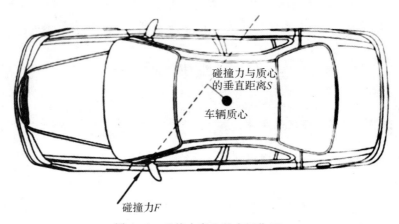

图 4-2 碰撞力产生的力矩作用

驾驶员往一边急打转向盘,力图避免碰撞,这样往往会使碰撞力作用在车辆的侧面,使车辆产生侧弯变形,如图 4-3 所示。驾驶员在碰撞之前的第一反应也可能是紧急制动,这种紧急制动可能会使车辆产生滑动,留下胎印,这是事故查勘中的重要线索之一。在惯性作用下,车辆前端会下冲,后部会翘起。这样往往会造成车辆前端的上部接触碰撞物,导致前部下垂,同时还会造成车颈板、车顶板后错,后部翘起变形,如图 4-4 所示。

4.2.2 车身结构对车辆变形的影响

除了碰撞力和碰撞部位等外在因素外,车身结构是影响车辆损坏情况的重要内在因素。不同的车辆结构对碰撞力的吸收和传递方式有很大的差别,在类似的事故中损坏情况也可能大不相同,尤其对于比较严重的事故。

(1)承载式车身的变形倾向

碰撞对承载式车身造成的损坏可以用"锥体理论"进行解释。承载式车辆在发生碰撞时主要由车身吸收碰撞能量,车身因吸收碰撞能量而发生褶皱、弯曲等多种变形。在较严重的事故中,碰撞力可能会穿过结构件,从而使更大范围的车身构件参与吸收能量,产生变形。碰撞力的这种扩散模式看上去像一个"锥体"(见图4-5),碰撞点是这个锥体的顶点,而锥体的中心线就是碰撞力的方向,锥体的高度和张开的幅度表明了碰撞力穿过承载式车身的方向和范围。

图4-3 驾驶员急打转向盘导致的侧弯变形

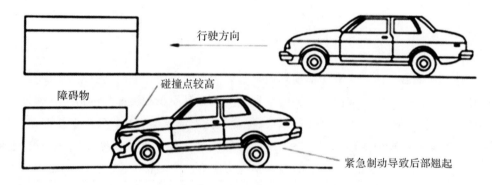

图4-4 驾驶员紧急制动导致的下垂和翘起变形

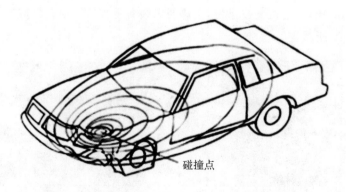

图4-5 碰撞力以锥体模式在承载式车身上传播

由以上锥体理论可以看出,承载式车辆在发生碰撞时,碰撞力可能会波及距离碰撞点很远的车身部件上,从而造成二次损坏。通常,二次损坏多发生在车身内部结构件或碰撞点对侧车身上。因此,在对承载式车身进行估损时,不能只看碰撞点周边的损坏,全面查看非常重要。

为了缩小二次损坏的范围,保护乘员室的安全,承载式车身的前部和后部设计了一些变形吸能区,如图4-6所示。前部发生碰撞时,碰撞力主要被前段车身和前部吸能区吸收;后部发生碰撞时,碰撞力主要被后段车身和后部吸能区吸收;侧面发生碰撞时,碰撞力主要由门槛板、车顶侧梁、中立柱和车门吸收。

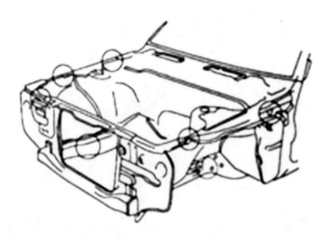

图4-6 承载式车身前段的碰撞吸能

1)车身前部变形倾向。车身前部损坏通常是因为车辆正向行驶时与另一辆汽车或物体发生正面碰撞。碰撞力的大小取决于车辆的重量、速度、接触面积和被撞物的情况。如果是轻微碰撞,前保险杠会受到挤压,可能会使前纵梁、保险杠托架或支架、前翼子板、散热器及其支架、发动机罩锁支架产生弯曲变形,如图4-7所示。如果是比较严重的碰撞,将会使前翼子板向后挤压前车门,发动机罩铰链向上翘起,前纵梁也可能会产生皱褶,并挤压前悬架横梁,导致横梁弯曲,甚至可能会使前翼子板裙板和车身前柱(尤其是前车门上部铰链安装部位)弯曲,这将导致前车门下垂,如图4-8所示。另外,前悬架摆臂也可能会弯曲,减震器可能会损坏,前围板和前底板也可能受损,发动机支撑错位,空调通风装置受损,前风窗玻璃破碎,车轮定位参数遭到破坏,如图4-9所示。

图4-7 较轻微的正面碰撞导致发动机室盖和发动机室内的损伤情况

图 4-8 较严重的正面碰撞导致车身前部的损伤情况

图 4-9 严重的正面碰撞导致车身一侧和悬架部件受损

如果车辆的前部以某个角度发生碰撞,前纵梁的连接点就成为一个转动轴,从而在水平和垂直方向都产生弯曲。由于左、右前纵梁是通过横梁连在一起的,所以碰撞力会通过横梁传递到另一侧前纵梁,致使其产生变形。在估损时,对侧纵梁的变形往往容易被忽略掉。

2) 车身后部变形倾向。当车辆在倒车时发生碰撞或发生追尾事故时,会造成车身后部的变形,其变形规律和变形倾向与车身前部大致相同。只是由于车身后部刚度相对较弱,在相同的撞击力下,后部变形相对大一些。但后部没有动力总成、空调系统等重要部件,损失相对低一些。

如果是轻微的后部碰撞,可能会引起后保险杠、后面板、行李箱盖和行李箱底板、后侧围板产生变形,如图 4-10 所示。如果是比较严重的碰撞,可能会将后侧围板挤压到车顶板的底部,甚至会造成车身中柱弯曲。大部分冲击能量通过这些部件以及后纵梁的变形而被吸收,如图 4-11 所示。需要特别注意的是,现代乘用车的燃油箱大多安装在后排座椅下面,在发生较严重的追尾事故时,可能会使燃油箱产生裂纹而造成汽油泄漏,汽油极易燃烧,碰撞火星或静电火花都有可能造成严重的火灾,因此,在查勘汽油泄漏的事故时一定要十分小心。

图 4-10 轻微的后部碰撞导致保险杠和行李箱盖轻微变形

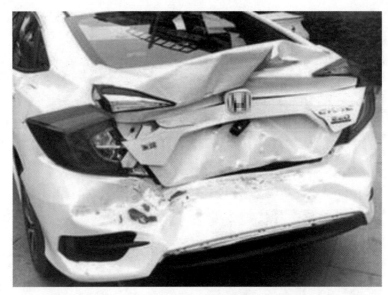

图 4-11 较严重的后部碰撞导致行李箱盖和后侧围板变形

3) 车身侧面变形倾向。承载式车身侧面在抵抗碰撞方面相对比较薄弱。一旦侧面被撞，可能会导致车门、门槛板、中柱、前翼子板以及后侧围板变形，严重时甚至会导致底板变形。如果前翼子板部位遭到侧面碰撞，前轮往往会向内挤压，从而影响前悬架横梁和前纵梁。如果碰撞比较严重，悬架系统的零部件可能会损坏，前轮定位参数遭到破坏，轴距发生变化，甚至会使转向机构被撞坏。如果车辆的前翼子板或后侧围板部位遭到较大的垂直碰撞，冲击波会传递到车辆的另一侧，从而造成对面板件的变形，如图 4-12 所示。如果车辆中间部位遭到侧面碰撞，那么主要是车门总成、门槛板、车身底板受损，严重时冲击波可能会使对面车门部位产生变形，如图 4-13 所示。

图 4-12 前翼子板部位受到侧面碰撞导致的变形情况

第4章 车辆事故与损伤形式

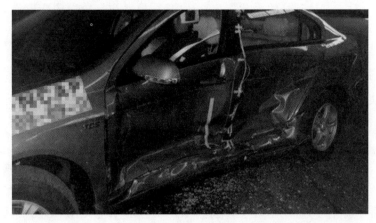

图 4-13　车身中部受到侧面碰撞导致的变形情况

4) 车身顶部变形倾向。车身顶部在事故中受损的概率比其他部位相对低一些。在车辆前部、后部或侧面碰撞中，只有当事故比较严重时，碰撞力才可能会传递到车身顶部，造成顶部梁和面板受损。此外，在翻车事故中，车身顶板可能会受到损失，如图 4-14 所示。还有一种不太常见的事故是由高处掉下的物体直接砸在车顶板上，造成顶板凹陷。

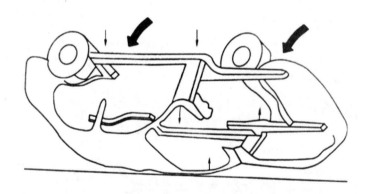

图 4-14　翻车事故造成的车身顶部损伤情况

5) 承载式车身碰撞变形顺序。承载式车身在发生前部或后部碰撞时，碰撞力将从碰撞点开始，沿着车身构件向外传播，从而造成更大面积的损坏。一般来说，车身发生变形的顺序如下。

① 弯曲变形：在碰撞发生后的一瞬间，碰撞力达到最大，它会先对构件产生挤压作用，使构件中部产生弯曲变形。但由于金属构件具有弹性，所以在碰撞力消失后可能会部分或全部恢复原状。在事故查勘中，如果发现测量的高度值超出允许范围，通常表示产生了弯曲变形。

② 褶皱变形：随着碰撞的进一步延续，碰撞点处会出现明显的褶皱，从而进一步吸收碰撞能量，以保护乘员室的安全。碰撞力沿着车身传递，导致远离碰撞点的部位也可能发生褶皱、撕裂或拉松。在事故查勘中，如果发现测量的长度值超出允许范围，通常表示发生了褶皱变形。

③扩宽变形:对于设计良好的承载式车身结构,乘员室在事故中的变形量会很小,即使产生变形,也是使乘员室的构件向外鼓,而不是侵入室内,以保护乘员安全,这就是所谓的扩宽变形。在事故查勘中,如果发现测量的宽度值超出允许范围,通常表示发生了扩宽变形。

④扭曲变形:如前面所述,碰撞点通常不是在车辆正中,碰撞力产生的力矩会使车身产生扭曲变形。即使碰撞发生在车辆正中,二次碰撞也可能会使车身产生扭曲变形。扭曲变形通常是最后发生的一种变形形式。在事故查勘中,如果发现测量的高度和宽度值都不在允许范围内,通常表示发生了扭曲变形。

虽然承载式车身与车架式车身在碰撞事故中的损坏形式很相似,但是承载式车身的损坏往往更加复杂。另外,承载式轿车在严重碰撞中通常不会产生菱形损坏。

无论是哪种车身结构,事故车的车身修复顺序都遵循"后进先出"的规则,也就是说,后产生的损坏(间接损坏)先修复。

(2)车架式车身的变形倾向

对于车架式(非承载式、半承载式)车身来说,车架与骨架是整车的基础,也是直接承受和传递碰撞力的主要构件。为了减小损伤,车架上也设计了一些比较薄弱的部位,用于在碰撞中吸收能量,如图4-15所示。车身通过螺栓安装在车架上,车身与车架之间设有橡胶垫,严重的碰撞可能会导致这些连接螺栓和橡胶垫损坏,从而使车身与车架之间产生明显的裂缝。

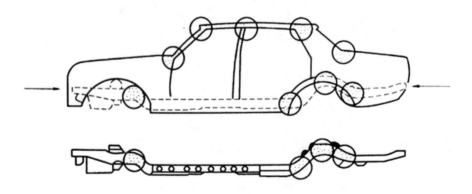

图4-15 车架式车身上的吸能区

当车架式车辆发生碰撞时,其车身板件的损坏形式与承载式车辆基本类似。不同的是,其车架作为承载件,可能会在严重的碰撞或倾翻事故中发生比较明显的变形,这几种情况严重影响整车的操纵性能。车架最常见的损伤有歪曲、凹陷、挤压、菱形和扭曲等,这几种损伤往往会在事故车上同时存在,在进行损伤鉴定时应仔细检查,逐一确认。

1)歪曲:是指车架的前部或后部向一侧弯曲(见图4-16),通常在侧面碰撞中出现。一般通过查看车架纵梁的一侧是否向内或向外弯曲即可确定车架是否产生了歪曲变形。在事故查勘中,如果发现车门的长边缝隙变大而短边出现皱褶,或各发动机罩或行李箱盖的边缝变大或变小,就应当注意进一步查看车架是否产生了歪曲变形。

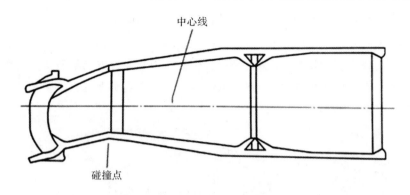

图 4-16　车架的歪曲变形

2) 凹陷：是指车架的某一处的离地高度低于正常值，即向下凹陷（见图 4-17），通常在前部或后部正碰中出现。车架的凹陷变形常见于车架的前部和后部，有时是一侧凹陷，有时是两侧凹陷。在事故查勘中，如果发现翼子板和车门之间的缝隙是顶部变小、底部变大，或者车门下垂，就应当注意进一步查看车架是否发生了凹陷变形。

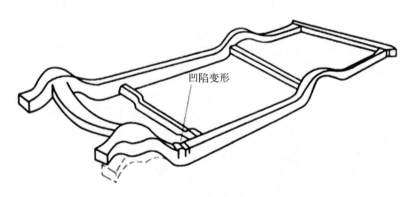

图 4-17　车架的凹陷变形

3) 挤压：是指车架纵梁或横梁长度比正常值缩短，一般伴随着褶皱变形（见图 4-18）。车颈板前部和后风窗后部区域在前、后正碰中比较容易出现挤压变形。在事故查勘中，如果发现发动机室盖、翼子板或车架纵梁有褶皱变形，轮罩上部的车架被抬高，就应当注意进一步查看车架是否发生了挤压变形。

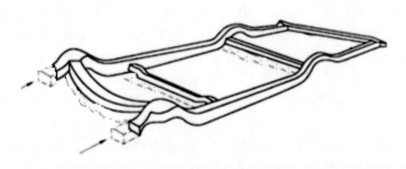

图 4-18　车架的挤压变形

4)菱形:是指车辆的左右两侧发生前后错位,使车架和车身从矩形形状变成平行四边形形状(见图4-19),通常在车辆的一角发生剧烈碰撞时出现。菱形损坏使整个车架都发生了移位变形,对车辆的操纵性能影响很大。在事故查勘中,如果发现发动机室盖或行李箱盖的边缝不齐,乘员室或行李箱底板出现皱褶,就应当注意进一步查看车架是否发生了菱形损坏。

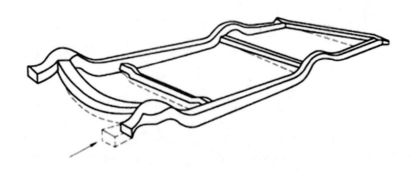

图4-19 车架的菱形变形

5)扭曲:是指车辆在对角线方向上产生变形,即对角线上的一个角高出正常值,另一个角低于正常值(见图4-20),通常在后部边角碰撞或翻滚事故中出现。如果车辆经常高速通过减速带或马路牙子,也可能会导致车架产生扭曲变形。在事故查勘中,如果发现车辆的一角下垂,就应当注意进一步查看车架是否产生了扭曲变形。

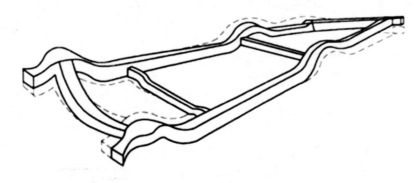

图4-20 车架的扭曲变形

与承载式车身一样,很多事故中车架会出现多种变形。除了直接碰撞导致的变形外,车架还可能会因惯性力作用产生二次变形。例如在剧烈的碰撞中,发动机可能会因惯性作用前、后移动,这样会导致发动机支座(支撑发动机的根梁)产生变形损坏。在损伤鉴定中,通过比较车身门槛板与前后车架之间的间隙情况,或者比较前翼子板与轮毂前后部的间隙情况,可以初步判断车架是否产生变形。

车架损伤形式和损伤程度因碰撞力的大小、方向以及碰撞位置的不同而不同。因此,在事故查勘中应当收集尽可能多的信息,由此推断出事故发生的过程,这对于判断车架损伤情况十分重要。当然,最精确的损伤鉴定方法是通过科学的测量,例如,根据主机厂车身修复手册测量关键的定位孔之间的距离,可以判断车架的变形情况。

4.3 车辆其他主要部件的损伤形式

根据前面的介绍,我们知道:车身板件和结构件在事故中的主要损伤形式是变形,如弯曲、凹陷、皱褶、菱形等各种变形形式,这些直接或间接碰撞造成的损伤应当属于事故理赔范围。而一般的腐蚀、锈蚀等非事故原因造成的损伤则不在事故保险理赔范围内。车身内饰件及其附件,如座椅、仪表板等主要是惯性力或二次碰撞造成的损伤,其损伤原因也比较容易判别。车辆的其他系统和部件,如发动机、变速器、动力传动系统、悬架系统、制动系统、转向系统等部件的损坏原因则相对复杂一些,它们可能是在事故中损坏的,也可能是正常磨损或不当使用造成的,在估损时应当仔细辨别损坏原因,确认其修复费用是否属于保险理赔范围。为此,我们将简要介绍车辆其他系统和部件的损伤鉴定知识。

4.3.1 发动机的损伤情况

车辆发生碰撞、倾翻等交通事故,车身因直接承受撞击力而造成不同程度的损伤,同时由于波及、诱发和惯性的作用,发动机和底盘各总成也存在着受损伤的可能。但由于结构的原因,发动机和底盘各总成的损伤往往不直观,因此,在车辆定损查勘过程中,应根据撞击力的传播趋势认真检查发动机和底盘各总成的损伤。

在一般的轻度碰撞事故中,发动机本体基本不会受到损伤,顶多是车辆前端的散热器及其支架受到影响。但在比较严重的碰撞事故中,车身前部变形较严重时,发动机的一些辅助装置及覆盖件会受到波及和诱发的影响而损坏,如空气滤清器总成、冷却风扇、发动机正时罩盖、油底壳等,发动机支座也可能产生变形或移位。对于现在的轿车,发动机内部都布置得十分紧凑,在碰撞事故中产生的关联损伤可能更大,例如,蓄电池、发电机和起动机、空调压缩机、转向助力泵、正时带轮及传动带、风窗清洗装置等总成、管路和支架可能受到损伤。更严重的碰撞事故会波及发动机的气缸盖、进排气歧管、凸轮轴、曲轴等零部件,致使发动机缸体的薄弱部位破裂,甚至使发动机报废。

在对发动机损伤检查时,应注意详细检查有关支架以及发动机缸体部位有无损伤,因为这些部位的损伤不易发现。发动机的辅助装置和覆盖件损坏,可以直接观察到,可以采用就车拆卸、更换或修复的方法。若发动机支撑、正时罩盖和基础部分损坏,则需要将发动机拆下进行维修。当怀疑发动机内部零件有损伤或缸体有破裂损伤时,需要对发动机进行解体检验和维修。必要时应进行零件隐伤探查,但应正确区分零件形成隐伤的原因。在事故中容易受到损伤的发动机部件如图4-21所示。

4.3.2 悬架系统的损伤情况

悬架系统是车架(或承载式车身)与车桥(或车轮)之间的连接和传力装置,其主要构件有减震器、上控制臂、下控制臂、弹簧或扭杆、横向稳定杆等,如图4-22所示。它使车轮可以随着路面的起伏而上下运动,但传递到车身上的振动却很小。悬架系统各个机构的正确固定确保了车轮的正确定位参数,维持车辆正常的操纵性能。因此,悬架机构一旦在碰撞中受到损伤,往往会导致车辆产生跑偏、摆动等症状。

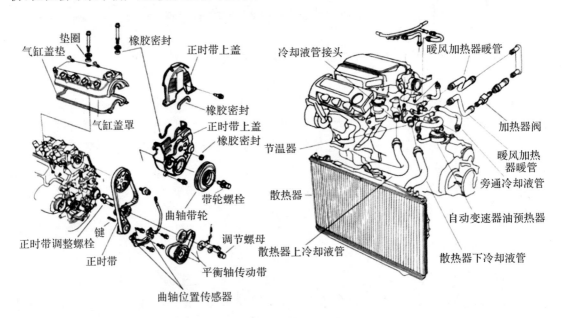

图 4-21 在事故中容易受到损伤的发动机部件

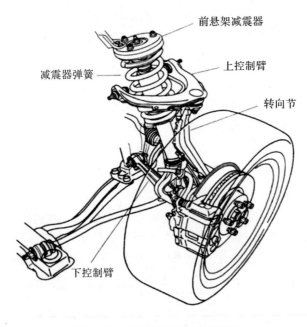

图 4-22 悬架系统的主要零部件

由于悬架直接连接着车架(或承载式车身)与车桥(或车轮),其受力情况十分复杂,而且其安装位置也决定了它在碰撞事故中很容易受损。在碰撞时,悬架系统由于受车身或车架传导的撞击力,悬架弹簧、减震器、悬架上支臂、悬架下支臂、横向稳定器、纵向稳定杆以及球头等零部件会受到不同程度的变形和损伤。对于承载式车身,翼子板裙板作为悬架的上支座也可能产生变形,影响悬架的定位参数。悬架系统部件的变形和损伤往往不易直接观察到,在对其进行损伤鉴定时,应借助必要的测量仪器及检验设备。这些元件的损伤一般不宜采用修复方法修理,应换新件,在车辆定损时应引起注意。

4.3.3 转向系统的损伤情况

转向系统通过转向机和连杆机构将转向盘的转动力传递给转向车轮(一般是前轮),使转向车轮产生转动。转向系统的核心部件是转向机,其他重要部件有转向盘、转向柱、转向摇臂、转向拉杆、转向节等,如图 4-23 所示。转向系统的技术状况直接影响行车安全,而且由于转向系的部件都布置在车身前部,在前部碰撞中可能会受到损伤。在较轻的碰撞事故中,撞击力一般不会波及转向系统的零部件。但当发生较严重的碰撞事故时,碰撞力可能会传递到转向系统零部件上,造成转向传动机构和转向机的损伤。值得一提的是,现在的车辆上转向管柱都是可溃缩式的,在严重碰撞事故中,转向管柱可能发生溃缩而需要更换。

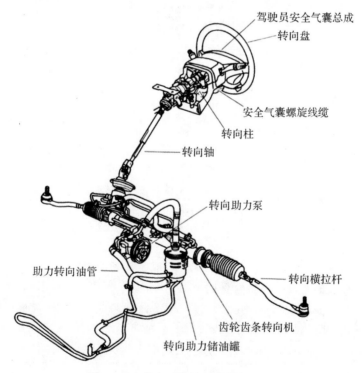

图 4-23 转向系统的主要零部件

转向系容易受损伤的部件有转向横拉杆、转向梯形机构、转向助力储油罐、转向助力油管、转向管柱、转向机、转向节等。

转向系部件的损伤不太容易直接查看到,在车辆定损鉴定中,应配合拆检进行,必要时做探伤检验。

4.3.4 制动系统的损伤情况

制动系统通过制动蹄与制动鼓(鼓式制动器)的摩擦或者制动钳与制动盘的摩擦(盘式制

动器)降低车速。驾驶员脚踩制动踏板的力通过制动主缸传递给制动管路中的制动液,再通过制动液传递到各个车轮的轮缸,轮缸利用液压推动制动蹄或制动钳,产生制动力。制动系统的主要零部件有制动主缸、制动助力器、制动管路和软管、轮缸、制动钳或制动蹄、制动盘等,如图4-24所示。现在的很多车辆上都装有防抱死制动系统(ABS),ABS计算机根据轮速传感器信号判断车轮是否即将达到抱死状态,通过液压调节器控制制动液压,从而使车轮在制动中不至于抱死,提高了制动稳定性和制动效能。

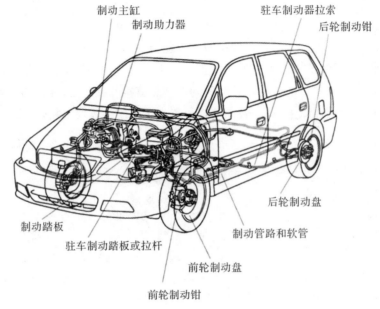

图4-24 制动系统的主要零部件

制动性能的降低会导致交通事故,造成车辆损失。而车辆发生碰撞事故时,也可能会造成制动系部件的损坏。

对于普通制动系统,在碰撞事故中,经常会造成车轮制动器的元器件及制动管路损坏。这些元器件的损伤程度需要进一步拆解检验。对于装用ABS系统的制动系,在进行车辆损失鉴定中,除了查看制动元器件、ABS轮速传感器、ABS液压调节器、ABS计算机及相关电路是否有外观损坏之外,还要借助解码器等诊断设备对ABS系统进行电子诊断,查看是否存在故障码。

4.3.5 变速器和离合器的损伤情况

变速器有手动变速器、自动变速器和CVT、DSG等几种,虽然结构不同,但都起到降速增扭的作用,主要是采用齿轮传动或带传动的方式传递动力。变速器在低挡时可以为车辆提供较大的转矩,在高挡时可以提供较高的转速和较好的燃油经济性,在空挡时切断发动机的动力传输,为发动机起动和怠速停车提供条件。手动变速器的主要零部件有输入轴、中间轴、输出轴、各个轴的轴承、各个挡位的齿轮、换挡机构等。自动变速器主要由行星齿轮机构、液压系统和电子控制系统组成。手动变速器的组成如图4-25所示,自动变速器如图4-26所示。

离合器是用来切断和接合发动机与手动变速器之间的动力传递的,主要零部件有离合器壳体、压盘、从动盘、压紧弹簧、分离轴承、操纵机构等,如图4-27所示。自动变速器和CVT车辆上没有离合器,取而代之的是液力变矩器。

对于典型的发动机前置前轮驱动型汽车,变速器(有时称为变速驱动桥)和离合器(或液力变矩器)总成与发动机组装在一起,并作为发动机的一个支撑点固定于车架(或承载式车身)上,变速器及离合器的操纵机构都布置在车身底板上。因此,当车辆发生严重碰撞事故时,碰撞力的传递可能会造成变速器及离合器的操纵机构受损、变速器支撑部位壳体损坏、飞轮壳开裂等。在对这些损伤进行评估鉴定时,有时需要将发动机拆下进行检查。

在实际事故中,车辆上除了车身、发动机、变速器、转向系统、制动系统、悬架系统等主要总成可能会受到损伤之外,还有很多其他部件也可能受到损伤,比较常见的损伤有车灯损坏、后视镜脱落、轮胎爆裂、风窗玻璃破碎、安全气囊膨开、仪表组损坏、座椅错位、内饰件损坏等。

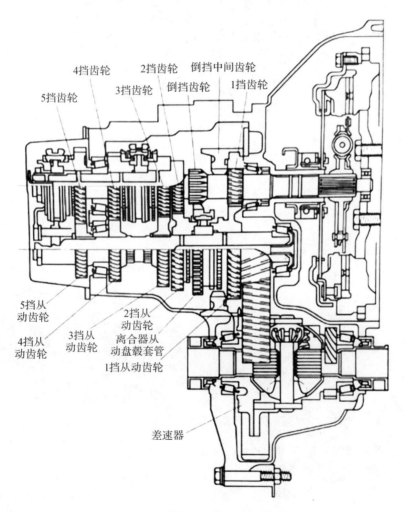

图4-25 手动变速器的主要零部件

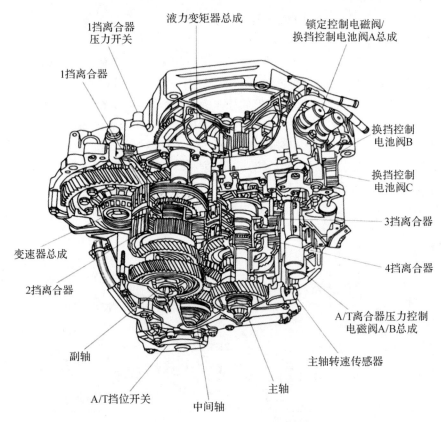

图 4-26 自动变速器的主要零部件

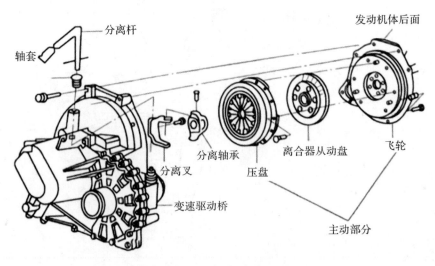

图 4-27 离合器的主要零部件

4.4 火灾、水灾和故意损坏

如果发动机室起火,电线、蓄电池和储液罐等塑料件将会熔化,垫圈、膜片热敏器件会损坏。热烤和烟熏还会使漆面爆皮或褪色,使金属板变形。

如果发动机以及其他机械件和电器器件浸水,可能会造成非常严重的损坏。水会经由进排气管、节气门体或油尺等部位进入发动机内部,经由通气孔进入变速器和差速器内部。水淹的发动机和变速器必须经过彻底放油、清洗并加油后才能继续使用。如果车辆被盐水(如海水)淹过,可能会受到盐水腐蚀,必须对动力系统进行彻底拆解维修。如果车辆被淹到腰部以上,通常会被评估为全损。

故意破坏比较容易判断。车窗玻璃被敲碎,门锁被撬变形,零部件缺失,电线和支架断裂等人为破坏一般都很明显。在完成损坏鉴定之前,一定要对车辆进行驾驶测试,对所有附件进行操作试验。

作业与思考

1. 结合事故形式,分析、判断每一期事故是不是只属于某一种形态。
2. 当多辆汽车发生事故时,会有多少种形态?尝试收集视频资料,自己分析。
3. 以汽车事故图片为基本资料,基于汽车构造知识,结合同款汽车结构分析碰撞力传递路线,分析在变形下可能造成哪些损伤。
4. 结合维修专业知识,分析上述内容中不同损伤的功能恢复方案。
5. 基于汽车结构与机械设计知识,设计前述车辆损伤验证拆解方案。

第 5 章　汽车事故损失评估与定损

学习重点
1. 掌握事故造成的各种损失的评估方法。
2. 重点掌握机动车辆损失评估方法。
3. 掌握事故中定损方法,重点是机动车辆定损方法。
4. 掌握各种损失费用的组成与关联关系,能够解析各种费用的组成和来源。
5. 掌握新业态下以更换为主的维修方式,与保险定损中能修则修原则的冲突。

　　估损就是车辆损失的评估,通过查勘事故车辆的损伤情况,判断修复措施,确定需要更换的零部件费用、维修工时费用以及相应的附加费和税费,从而确定保险公司应当赔付的金额。要想及时、公正地理赔,查勘定损人员就要及时赶赴现场、热情服务,做好救援工作;对事故车辆所造成的损失,做出公正、合理的鉴定;对更换配件的价格及工时费用做出正确的报价;要求汽车修理厂及时、保质地修好事故致损车辆。

　　在保险公司、维修厂和保险中介单位中,估损人员的岗位名称可能不尽相同,有的称为理赔员或核赔员,有的称为估损员等,但无论是何种称呼,他们都是各个单位核心的人力资源。估损人员应当了解我国车辆保险政策、法规和合同,懂得车辆结构和维修工艺,掌握车辆事故查勘要领,熟悉损失鉴定和维修费用计算方法。这样,才能既保护保险公司和维修企业的共同利益,又维护车主的合法权益和交通安全。

5.1　财产损失与人伤定损

5.1.1　财产损失定损

　　保险事故除了能导致车辆的损失外,还有可能导致第三者的财产损失和车上承运货物的损失,从而构成三者责任险、车上货物责任险的赔偿责任。

　　第三者财产损失包括第三者车辆所载货物、道路、道路安全设施、房屋建筑、电力和水利设施、道旁树木花草、道旁农田庄稼等。无论是第三者车上货物,还是被保险车辆的车上货物,种类繁多,不胜枚举。可见,车辆事故中造成的非车辆财产损失涉及范围较大,所以对其定损的标准、技术以及掌握尺度相对机动车辆来讲要难得多。但总体来说,保险人应按事故现场直接造成的现有财产的实际损毁依据保险合同的规定予以赔偿。确定时可与被害人协商,协商不成可申请仲裁或诉讼。但对直接损失,第三者无理索要及处罚性质的赔偿不予负责,因此,保险人的实际定损费用与被保险人实际赔付第三者的费用往往有差距,这就需要定损人员做好被保险人的解释说服工作。

(1)定损原则

第三者财产和车上货物的评估应坚持损失修复原则,即以修复为主。

根据损失项目、数量、维修项目和维修工时及工程造价,确定维修方案。对于损失较大或定损技术要求较高的事故,可委托专业人员确定维修方案。

无法修复和无修复价值的财产可采取更换法处理。更换时应注意品名、数量、制造日期、主要功能等。对于能更换零配件的,不更换部件;能更换部件的,不更换总成件。

(2)定损方法

1)确定物损数量。交通事故中常见的财产损失有普通公路路产、高速公路路产、供电通信设施、城市与道路绿化等。相关财产的品名和数量可参照当地物价部门列明的常见品名和配套数量,受损财物的数量确定还必须注意其计算方法的科学性、合理性。

2)损失金额的确定。

①简单财产损失应会同被保险人一起根据财产价值和损失程度确定损失金额,必要时请生产厂家进行鉴定。

②对受损财产技术性强、定损价格较高、难度较大的物品,如较难掌握赔偿标准,可聘请技术监督部门或专业维修部门鉴定,严禁盲目定价。

③对于出险时市场已不销售的财产,可以客户原始购置发票数额为依据。客户不能提供发票的,可根据原产品的主要功能和特性,按照当前市场上同类型产品推算确定。

④根据车险条款规定,损失残值应协商折价折归被保险人,并由被保险人进行处理。

⑤定损金额以出险时保险财产的实际价值为限。

3)常见第三者财产损失的定损方法。

①市政和道路交通设施:如广告牌、电灯杆、防护栏、隔离带、绿化树等,在定损中按损坏物产的制作费用及当地市政、路政、交管部门的赔偿标准核定。但应注意该类财产损失的特点,即市政部门和道路维护部门对肇事者索要的赔偿往往有处罚性质及间接损失的赔偿,因此,在定损核损过程中,理赔人员应区分第三者索赔中哪些为直接损失,哪些属于间接费用,哪些属于罚款性质。

②房屋建筑:了解房屋结构、材料、损失状况,然后确定维修方案,最后请当地数家建筑施工单位对损坏部分及维修方案进行预算招标,确定最低修复费用。

③道旁农田庄稼:在青苗期按青苗费用加上一定的补贴即可,成熟期的庄稼可按当地同类农作物平均产量测算定损。

④家畜、牲畜:牲畜受伤以治疗为主,受伤后失去使用价值或死亡的,凭畜牧部门证明或协商折价赔偿。

5.1.2 车上货物损失的定损方法

车上货物的损失应根据不同的物品分别定损,对一些精密仪器、家电、高档物品等核实具体的数量、规格、生产厂,可向市场或生产厂了解物品价格;对易变质、易腐烂的(如食品、水果类等)物品在征得保险公司有关领导同意后,应尽快现场变价处理。另外,对于车上货物还应取得运单、装箱单、发票,核对装载货物情况,防止虚报损失。同时应注意,根据机动车辆保险条款,定损人员只需对损坏的货物进行数量清点,并分类确定其受损程度,而对诈骗、盗窃、丢失、走失、哄抢等造成的货物损失不予赔偿。

5.1.3 施救费用的确定

施救费用是指当保险标的遭遇保险责任范围内的灾害事故时,被保险人或其代理人、雇佣人员等为防止损失的扩大,采取措施抢救保险标的而支出的必要、合理的费用。必要、合理的费用是指施救行为支出的费用是直接的、必要的,并符合国家有关政策规定。

财产需要施救的,应记录被施救财产的名称、数量、重量、价值、施救方式、施救路程。被施救财产已经施救的,应在查勘记录中记录已发生的施救费用。保险标的与其他财产一同施救的,应向被保险人说明施救费的分摊原则并在查勘记录中注明。

5.1.4 损余物资的残值处理

损余物资是指非车辆财产的全部或部分遭受损失经保险公司按合同规定予以赔偿,赔偿后仍有一定价值的物资。常见损余物资有承保的车上货物及第三者的财产等。

残值处理是指保险公司根据保险合同履行了赔偿并取得对受损标的的所有权后,对尚存一部分经济价值的受损标的进行的处理。

按照保险合同规定,损余物资的处理需经双方协商,合理确定其剩余价值(残值),残值确定后,一般采取折归被保险人并冲减损失金额的方式。当残值折归被保险人并扣减损失金额的处理方式与被保险人协商不成时,需将残值物品全部收回。

5.1.5 人伤费用赔偿

在车险理赔案件中,除车辆损失、其他财产损失赔偿外,大量的是人员伤亡赔偿。保险公司理赔人员在核定理赔案件中的人员伤亡费用时,与被保险人很容易产生矛盾和纠纷,这也是保险理赔中比较复杂、难度较大的一项工作内容。

交强险、第三者责任险、车上人员责任险等险种涉及的人员伤亡费用,理赔人员应按照有关道路交通事故处理的法律、法规规定以及保险合同的约定赔偿,赔偿项目包括医疗费、误工费、护理费、交通费、住宿费、住院伙食补助费、必要的营养费、残疾赔偿金、残疾辅助器具费、被扶养人生活费、后续治疗费、丧葬费、死亡赔偿金、精神损害抚慰金等。

《最高人民法院关于审理人身损害赔偿案件适用法律若干问题的解释》第十七条 受害人遭受人身损害,因就医治疗支出的各项费用以及因误工减少的收入,包括医疗费、误工费、护理费、交通费、住宿费、住院伙食补助费、必要的营养费,赔偿义务人应当予以赔偿。

受害人因伤致残的,其因增加生活上需要所支出的必要费用以及因丧失劳动能力导致的收入损失,包括残疾赔偿金、残疾辅助器具费、被扶养人生活费,以及因康复护理、继续治疗实际发生的必要的康复费、护理费、后续治疗费,赔偿义务人也应当予以赔偿。

受害人死亡的,赔偿义务人除应当根据抢救治疗情况赔偿本条第一款规定的相关费用外,还应当赔偿丧葬费、被扶养人生活费、死亡补偿费以及受害人亲属办理丧葬事宜支出的交通费、住宿费和误工损失等其他合理费用。

第十八条 受害人或者死者近亲属遭受精神损害,赔偿权利人向人民法院请求赔偿精神损害抚慰金的,适用《最高人民法院关于确定民事侵权精神损害赔偿责任若干问题的解释》予以确定。

精神损害抚慰金的请求权,不得让与或者继承。但赔偿义务人已经以书面方式承诺给予金钱赔偿,或者赔偿权利人已经向人民法院起诉的除外。

(1)因就医治疗支出的各项费用以及因误工减少的收入

1)医疗费。根据医疗机构出具的医药费、住院费等收款凭证,结合病历和诊断证明等相关证据确定。赔偿义务人对治疗的必要性和合理性有异议的,应当承担相应的举证责任。

医疗费的赔偿金额,按照一审法庭辩论终结前实际发生的金额确定。器官功能恢复训练所必要的康复费、适当的整容费以及其他后续治疗费,待实际发生后另行确定。但根据医疗证明或鉴定结论确定必然发生的费用,可与已发生的医疗费一并赔偿。

2)误工费。根据受害人的误工时间和收入状况确定。误工时间根据受害人接受治疗的医疗机构出具的证明确定。受害人因伤致残持续误工的,误工时间可以计算至定残日前一天。受害人有固定收入的,误工费按照实际减少的收入计算;受害人无固定收入的,按照其最近三年的平均收入计算;受害人不能举证证明其最近三年的平均收入状况的,可以参照受诉法院所在地相同或者相近行业上一年度职工的平均工资计算。

3)护理费。根据护理人员的收入状况和护理人数、护理期限确定。

护理人员有收入的,参照误工费的规定计算。护理人员没有收入或者雇佣护工的,参照当地护工从事同等级别护理的劳务报酬标准确定。护理人员原则上为一人,但医疗机构或者鉴定机构有明确意见的,可以参照确定护理人员人数。

护理期限应计算至受害人恢复生活自理能力时止,受害人因残疾不能恢复生活自理能力的,可以根据其年龄、健康状况等因素确定合理的护理期限,但最长不超过20年,受害人定残后的护理,应根据其护理依赖程度并结合配制残疾辅助器具的情况确定护理级别。

超过确定护理期限,赔偿权利人向人民法院起诉请求继续给付护理费的,法院应予受理。赔偿权利人确需继续护理的,人民法院应当判令赔偿义务人继续给付相关费用5~10年。

4)交通费。根据受害人及其必要的陪护人员因就医或者转院治疗实际发生的费用计算。交通费应当以正式票据为凭;有关凭据应当与就医地点、时间、人数、次数相符合。

5)住宿费。受害人确有必要到外地治疗,因客观原因不能住院,受害人本人及其陪护人员实际发生的住宿费用,其合理部分应予赔偿。住宿费凭住宿发票计算赔款。

6)住院伙食补助费。可参照当地国家机关一般工作人员的出差伙食补助标准确定。

7)营养费。根据受害人伤残情况参照医疗机构的意见确定。

(2)残疾赔偿金

根据受害人丧失劳动能力程度或者伤残等级,按照受诉法院所在地年度城镇居民人均可支配收入或者农村居民人均纯收入标准,自定残之日起按20年计算。但60周岁以上的,年龄每增加1岁减少1年;75周岁以上的,按5年计算。

受害人因伤致残但实际收入没有减少,或者伤残等级较轻但造成职业妨碍严重影响其劳动就业的,可对残疾赔偿金做相应调整。

赔偿权利人举证证明其住所地或者经常居住地城镇居民人均可支配收入或者农村居民人均纯收入高于受诉法院所在地标准的,残疾赔偿金可以按照其住所地或者经常居住地的相关标准计算。

超过确定的残疾赔偿金给付年限,赔偿权利人向人民法院起诉请求继续给付残疾赔偿金的,人民法院应予受理。赔偿权利人确实没有劳动能力和生活来源的,人民法院应当判令赔偿义务人继续给付相关费用5~10年。

(3)残疾辅助器具费

当受伤者治疗后的生活需要依靠残疾辅助器具时,需按普通适用器具费用标准计算。伤情有特殊需要的,可以参照辅助器具配制机构的意见确定相应的合理费用标准。辅助器具的更换周期和赔偿期限参照配制机构的意见。

超过确定的辅助器具费给付年限,赔偿权利人向人民法院起诉请求继续给付辅助器具费的,人民法院应予受理。赔偿权利人确需继续配制辅助器具的,人民法院应当判令赔偿义务人继续给付相关费用5~10年。

(4)被扶养人生活费

根据扶养人丧失劳动能力程度,按照受诉法院所在地上一年度城镇居民人均消费性支出和农村居民人均年生活消费支出标准计算。

被扶养人是指受害人依法应当承担扶养义务的未成年人或者丧失劳动能力又无其他生活来源的成年近亲属,被扶养人还有其他扶养人的,赔偿义务人只赔偿受害人依法应当负担的部分。被扶养人有数人的,年赔偿总额累计不超过上一年度城镇居民人均消费性支出额或者农村居民人均年生活消费支出额。

被扶养人生活费的计算:

1)未成年人的,计算至18周岁。

2)丧失劳动能力又无其他生活来源的,按20年计算。

3)60周岁以上的,年龄每增加1岁减少1年。

4)75周岁以上的,按5年计算。

赔偿权利人举证证明其住所地或者经常居住地城镇居民人均可支配收入或者农村居民人均纯收入高于受诉法院所在地标准的,被扶养人生活费可以按照其住所地或者经常居住地的相关标准计算。

(5)后续治疗费

可待实际发生后予以赔偿。但根据医疗证明或鉴定结论确定必然发生的费用,可与已经发生的医疗费一并赔偿。

(6)丧葬费

按受诉法院所在地年度职工月平均工资标准,以6个月总额计算。

(7)死亡赔偿金

按受诉法院所在地上年度城镇居民人均可支配收入或者农村居民人均纯收入标准,按20年计算。但60周岁以上的,年龄每增加1岁减少1年;75周岁以上的,按5年计算。

赔偿权利人举证证明其住所地或者经常居住地城镇居民人均可支配收入或者农村居民人均纯收入高于受诉法院所在地标准的,死亡赔偿金可以按照其住所地或者经常居住地的相关标准计算。

(8)精神损害抚慰金

受害人或者死者近亲属遭受精神损害,赔偿权利人向人民法院请求赔偿精神损害抚慰金的,适用《最高人民法院关于确定民事侵权精神损害赔偿责任若干问题的解释》予以确定,原则上应当一次性给付。

机动车交通事故责任强制保险在死亡伤残责任限额内,最后赔付精神损害抚慰金。第三者责任险不负责赔偿精神损害抚慰金。

(9) 人身损害赔偿费用计算标准

各地因交通事故导致的人身损害赔偿,均有相关的赔偿标准,并且这个标准每年还要修订一次。

(10) 人体损伤程度评定

在道路交通事故中,人员因受到外力作用而造成人体不同程度的损伤,甚至导致残疾。在进行费用计算时,将依据伤害程度的不同而确定不同的赔偿费用标准。在进行保险赔偿额度计算时,将以鉴定结果为依据进行赔偿计算。人体损伤程度划分为10个等级,从一级到十级。在损伤程度等级确定时,应以专业机构的结果为依据,保险理赔人员无做出鉴定结论的权力。

(11) 道路交通事故受伤人员临床诊疗指南

为了规范道路交通事故受伤人员医疗救治诊疗行为,提高救治成功率,降低事故伤害死亡率和伤残率,提高有限医疗资源利用率,根据《机动车交通事故责任强制保险条例》第三十二条规定,"医疗机构应当参照国务院卫生主管部门组织制定的有关临床诊疗指南,抢救、治疗道路交通事故中的受伤人员",卫生部委托中国医师协会、中国保险行业协会、中华医学会组织制定了《道路交通事故受伤人员临床诊疗指南》。

《道路交通事故受伤人员临床诊疗指南》明确了道路交通事故中受伤人员的诊疗原则、方法和内容;规范了医疗机构对道路交通事故受伤人员进行诊疗的行为;适用于评价对道路交通事故受伤人员以及其他原因造成的受伤人员实施的诊疗内容的必要性和合理性。《道路交通事故受伤人员临床诊疗指南》从颅脑创伤、眼部创伤、耳鼻喉及颌面口腔创伤、胸部创伤、腹部及泌尿生殖系统创伤、四肢骨与关节创伤、脊柱与脊髓创伤、其他特殊类型创伤、早期并发症等9个方面对伤情指明了主要诊断依据、基本治疗原则、相关提示,并对部分伤情的常见并发症与后遗症给予说明。

《道路交通事故受伤人员临床诊疗指南》规定在对道路交通事故受伤人员进行临床诊疗的过程中,各项临床检查、治疗(包括用药和使用医用材料),以及病房和病床等标准在当地基本医疗保险规定的范围内选择。这为调解人伤理赔的纠纷提供了有效依据。

5.2 车辆损失定损

5.2.1 车辆定损概述

近年来,各家保险公司内部基本都建立了便捷的报价系统,有效地控制了配件价格。为了更加有效地降低理赔成本,就要求查勘定损人员对事故车辆所造成的损失做出准确的鉴定。由于事故车辆的损失是随机的,每一辆事故车所造成的损失都有差异。

出险车辆经现场查勘后,已明确属于保险责任而需要修理时,保险公司应对出险车辆的修复费用进行准确而合理的定损。当决定选用何种维修方案,特别是涉及是否需要更换零配件时,既要考虑保险公司的经济效益,也要考虑事故车辆修复后能基本恢复到事故发生前的性能。

(1)定损原则

对事故车辆的修理范围,一般仅局限于本次事故所造成的损失。对于能修理的零部件,尽量修复,不随意更换;对于能通过局部修复恢复性能的,不扩大到整体修理(如车身喷漆);对于能更换个别零部件恢复性能的,不更换总成。

确定维修费用时,涉及材料费和工时费两项。可以依据所损坏零部件的原始来源,据保险公司内部报价系统或市场价格,确定零配件的价格;根据修复的难易程度,参照当地工时费水平,确定工时费用。

(2)定损方法

1)定损技术依据。

①了解出险车辆的结构及整体性能。

②熟悉受损零部件拆装的难易程度及相关作业量。

③熟知受损零部件的市场价格。

④掌握受损零部件的检测技术。

⑤了解修理工艺及所需工装器具的性能。

⑥掌握修理过程中所需辅助材料及用量。

⑦掌握出险车辆修竣后的检查、鉴定技术标准。

2)修理范围的鉴别。确定保险责任事故的车辆维修方案时,既要区分车辆的事故损失与机械损失,也要区分车辆的新、旧碰撞损失。

①区分事故损失与机械损失。对于车辆损失险,保险公司只承担条款载明的保险责任导致事故损失的经济赔偿。凡因故意行为、机械故障、轮胎爆裂以及零部件的锈蚀、朽旧、老化、变形、断裂等所造成的损失,保险公司不负赔偿责任。若因这些原因而构成碰撞、倾覆、爆炸等保险责任的,对直接的事故损失部分可予负责,但对非事故损失部分不予负责。

②区分新、旧碰撞损失。属于本次事故碰撞的部位,一般会有脱落的漆皮和新的金属刮痕;非本次事故的碰撞处往往会有油污和锈迹。之所以要界定新、旧碰撞损失,是因为有个别车主,将以往发生的小事故,或者已经与事故责任方"私了"了的事故车,到保险公司定损、估价、获得赔偿后,并不去修复,与本次事故一并报案求偿,这样就会造成重复定损。

(3)定损的基本步骤

1)弄清车辆事故的起源点,以确定因肇事部位的撞击、震动可能会引起哪些部位的损伤。

2)确定事故车辆的维修方案,并据此对损坏的零部件进行登记,且依据修复、更换的类别进行分类。鉴定、登记时可以按以下顺序进行:由前到后,由左到右,先登记外附件(即钣金覆盖件、外装饰件),再按车身、发动机、底盘、电器等顺序进行分类登记。

3)根据已确定的维修方案及修复难易程度确定工时费用。

4)根据所确定的更换零件以及所掌握的汽车配件价格确定材料费用。

5)定损时被保险人、第三者、修理厂、保险公司等各方均应在场。在明确修理范围及项目、确定所需费用、签订"事故车辆估损单"协议后方可让事故车进厂修理。

(4)几种典型情况的处理

1)处理好与汽车维修厂的关系。作为汽车维修厂,考虑到自身的经济效益,自然希望事故车辆的维修定价越高越好;个别保户也会希望从估价中得到一些间接损失方面的弥补。对此,定损人员应该这样去应对：

①初步拟定事故车辆修理方案，对工时费部分，实行招标包干。一般说来，大事故往往需要分解检查后，才可能拿出准确的定损价格。此时，不宜先分解、后定价，而应先与修理厂谈妥修理工时的总费用，再对事故车辆进行分解。若盲目分解，一旦在工时费用方面与修理厂无法达成一致，则会给后期的变更修理厂等工作带来很大的被动。

②在与修理厂谈判工时费时，可以采用总体包干法、分项包干法（即对机修、钣金与烤漆、拆装、辅助等四项作业内容分别进行工时费包干）、逐件核定法、维修作业量测算法、重置成本比例法、本地同类维修企业比较法等方法。做到逐项解释，有理有据，以理服人。

③在确定更换零配件时处理好与保户的关系。大多数保户在车辆出险后，对于损坏了的零部件（特别是钣金件、塑料件等），不论损坏程度轻重，能否达到更换程度，都希望给予更换。这既不符合事故车辆的维修原则，也容易助长以后定损时的无理要求，可以这样去说服保户：

• 性能无碍：说明损坏的零部件在车辆结构上所起的作用以及修复后对汽车原有性能及外观没有影响。

• 避重就轻：对配件价值较大，可换可不换的，说服不换；对配件价值较小，考虑照顾保户情绪，同意更换。

• 原件价低：根据车辆出险前的实际情况，如果所损坏的件原本属于副厂件，不能更换正厂件；原本属于国产件，不能更换进口件。

• 坚持原则：对私家车及出租车须坚持原则，达不到更换标准的一概不换。

2）去外地查勘定损的技巧。赴外地查勘定损时，困难要比在本地大得多，特别是对第三者车辆（事故发生地当地车辆）无责的情况下，协商修理定价时往往会更为艰辛。此时，估价应留有余地，为应对修理厂对外地客户哄抬维修价格的现象，估价时应留有一定余地，作为让步的条件。估价时切忌拖泥带水，能实行费用包干的，尽可能包干，一般情况下不留待查项目，对确实无法判断的，可现场分解。若无法与修理厂达成共识，可请当地保险公司协助。

3）对重大事故及特殊车型的定损。对于重大事故，为避免道德风险，应尽可能推荐车主到4S店去维修，以避免在分解过程中弄虚作假以及有意扩大损坏部位、加大损坏程度现象的发生。如果车主坚持自选修理厂，则可在工时费包干的前提下，由定损人员现场监督分解，并尽快确定更换项目。

对于特殊车型、配件紧缺的车辆，可在确定更换配件项目的前提下，先安排其他项目的维修，避免因配件价格无法确定而延迟修理时间。在车辆修复的同时，积极联系采购配件。对部分无法买到的紧缺零件，可在当地加工制作。

5.2.2 汽车碰撞定损

在机动车保险责任中，因碰撞造成的损失是最为常见，也是损失最多的一个项目。因此，查勘定损人员必须熟悉机动车辆的相关险种，了解汽车的基本结构，掌握碰撞造成的损失，熟悉常见的修复方法，掌握汽车零部件的修理与更换标准，掌握各部位修复所需要的工时标准等。

(1) 车身定损分析

汽车车身既要经受行驶中的震动，还要在碰撞时给乘员提供安全。因此，现代汽车的车身被设计成在碰撞时能最大限度地吸收能量,以减少对乘员的伤害。乘用车碰撞时,前部、后部形成吸收能量的结构,使中部形成一个相对安全的区域,假如汽车以 48 km/h 的速度碰撞坚固障碍物时,发动机室的长度会被压缩30%～40%,但乘员室的长度仅被压缩1%～2%。

非承载式车身被碰撞后,可能是车架损伤,也可能是车身损伤,或车架、车身都损伤。车架、车身都损伤时,可通过更换车架来实现车轮定位及主要总成定位,然而,承载式车身碰撞后通常会造成车身结构件的损伤。通常,非承载式车身的修理只需满足形状要求,而承载式车身的修理既要满足形状要求,又要满足车轮定位及主要总成定位的要求。所以碰撞对不同车身结构的汽车影响不同,从而造成修理工艺和方法的不同,最终造成修理费用的差距。

1)碰撞对非承载式车身的影响。对于非承载式车身来说,发生碰撞之后会导致不同的变形,具体见表 5-1。

表 5-1 碰撞造成的非承载式车身变形

变形种类	变形特点	判别方法
左右弯曲	侧面碰撞常会引起车架左右弯曲或一侧弯曲,左右弯曲通常发生在汽车前部或后部	观察钢梁内侧及对应钢梁外侧是否有折曲来确定 通过发动机罩、行李箱盖及车门缝隙、错位等也能辨别出左右弯曲变形
上下弯曲	上下弯曲一般由来自前方或后方的直接碰撞引起,可能发生在汽车一侧也可能是两侧。弯曲后,车身外壳可能会比正常位置高或低,结构上也有前、后倾现象	查看翼子板与门之间的上下缝隙是否顶部变窄或下部变宽,也可查看车门在撞击后是否下垂
皱褶与断裂损伤	断裂损伤通常表现在发动机罩前移和侧移、行李箱盖后移或侧移,有时看上去车门与周围吻合得很好,但车架却产生了皱褶或断裂	通常发生在应力集中的部位,应重点观察,而且,车架还会在对应的翼子板处造成向上变形
平行四边形变形	汽车一角受到前方或后方撞击,一侧车架向后或向前移动引起错位,使其接近平行四边形	目测可见发动机室盖及行李箱盖错位,通常平行四边形变形还会带来许多断裂及弯曲变形的组合损伤
扭曲变形	当高速撞击到与车架高度相近的障碍物时,会发生扭曲变形。另外,尾部受侧向撞击也会发生这种变形	汽车一角会比正常时高,而相反一侧会比正常时低,应力集中处时常伴有皱褶或断裂损伤

2)不同碰撞部位对承载式车身的影响。承载式车身通常被设计成能很好吸收碰撞时产生的能量。这样一来,受到撞击时,车身由于吸收撞击能量而变形。

在受到碰撞时,车身能按照设计要求形成折曲,这样传到车身的振动波在传送时就被大大减小,即来自前方的碰撞应力被前部车身吸收了;来自后方的碰撞应力被后部车身吸收了;来自前侧方的碰撞应力被前翼子板及前部纵梁吸收;中部的碰撞应力被边梁、立柱和车门吸收;来自后侧方的碰撞应力被后翼子板及后部纵梁吸收。

①前端碰撞。主动碰撞会导致前端受损,如图5-1所示。

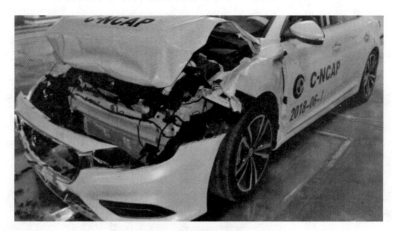

图5-1 汽车前端碰撞损失图

碰撞力取决于汽车重量、速度、碰撞范围及碰撞源。碰撞较轻时,保险杠会被向后推,前纵梁及内轮壳、前翼子板、前横梁及散热器框架会变形;如果碰撞加重,那么前翼子板会弯曲变形并移位触到车门,发动机罩铰链会向上弯曲并移位触到前围盖板,前纵梁变形加剧造成副梁变形;如果碰撞程度更剧烈,前立柱将会产生变形,车门开关困难,甚至造成车门变形;如果前面的碰撞从侧向而来,由于前横梁的作用,前纵梁就会产生相应的变形。前端碰撞常伴随着前部灯具及护栅破碎,冷凝器、散热器及发动机附件损伤,车轮移位,等等。

②后端碰撞。汽车因后端正面碰撞(见图5-2)造成损伤时,往往是被动碰撞所致。碰撞冲击力主要取决于撞击物的重量、速度,被碰撞的部位、角度及范围。如果碰撞较轻,通常后保险杠、行李箱后围板、行李箱底板可能压缩弯曲变形;如果碰撞较重,C柱下端前移,C柱上端与车顶接合处会产生折曲,后门开关困难,后风窗玻璃与C柱分离,甚至破碎。碰撞严重时会造成B柱下端前移,在车顶B柱处产生凹陷变形。后端碰撞常伴随后部灯具等的破碎。

图5-2 汽车后端碰撞损失图

③侧面碰撞。在确定汽车侧面碰撞(见图5-3)时,分析其结构尤为重要,一般说来,对于严重的碰撞,车门A、B、C柱以及车身底板都会变形。当汽车遭受的侧向力较大时,惯性作用

会使另一侧车身变形。当前后翼子板中部遭受严重碰撞时,还会造成前后悬架的损伤;前翼子板中后部遭受严重碰撞时,还会造成转向系统中横拉杆、转向机齿轮齿条的损伤。

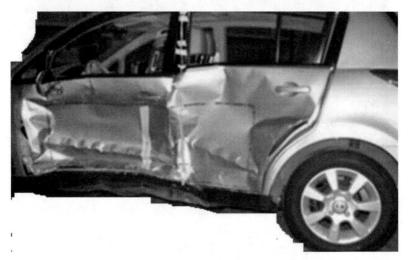

图5-3 汽车侧面碰撞损失图

④底部碰撞。底部碰撞通常为因路面凹凸不平、路面上有异物等造成车身底部与路面或异物发生碰撞,致使汽车底部零部件、车身底板损伤,如图5-4所示。常见损伤部位有前横梁、发动机下护板、发动润滑油底壳、变速器油底壳、悬架下托臂、副梁及后桥、车身底板等。

图5-4 汽车底部碰撞损失图

⑤顶部碰撞。汽车单独的顶部受损多为空中坠落物所致,以顶部面板及骨架变形为主,如图5-5所示。汽车倾覆是造成顶部受损的常见现象,受损时常伴随着车身立柱、翼子板和车门变形、车窗破碎。

图 5-5 汽车顶部碰撞损失图

3)车身碰撞损伤的目测。大多数情况下,碰撞部位能显示结构变形或断裂迹象。肉眼检查时,可后退几步,对汽车进行总体观察(见图 5-6)。从碰撞位置估计受撞范围大小及方向,并判断碰撞是如何扩散的。先从总体上查看汽车是否有扭转、弯曲变形,再查看整个汽车,设法确定损伤位置及所有损伤是否都由同一事故引起。

图 5-6 汽车车身总体观察

碰撞力沿车身扩散,并使许多部位变形。碰撞力具有穿过车身坚固部位最终抵达并损坏薄弱部件,扩散并深入车身部件内的特性。为了查找汽车损伤,必须沿碰撞的路径查找车身薄弱部位。沿碰撞力扩散方向逐处检查,确认是否有损伤和损伤程度。具体可从以下几方面加以识别。

①钣金件截面变形。碰撞所造成的钣金件截面变形与钣金件本身设计的结构变形不一样,钣金件本身设计的结构变形处表面油漆完好无损,而碰撞所造成的钣金件截面变形处油漆

起皮、开裂。车身设计时,要使碰撞产生的能量能按既定路径传递到指定地方吸收。

②零部件支架断裂、脱落及遗失。发动机支架、变速器支架、发动机各附件支架是碰撞应力的吸收处,各支架在设计时均有保护重要零部件免受损伤的功能。在碰撞事故中常有各支架断裂、脱落及遗失的现象出现。

③检查车身各部位的间隙和配合。车门是以铰链形式装在车身立柱上的,立柱变形会造成车门与车门、车门与立柱间隙不均匀(见图5-7)。可通过简单地开关车门,查看车门锁与锁扣的配合,从锁与锁扣的配合可判断车门是否下沉,从而判断立柱是否变形,从查看铰链的灵活程度判断立柱及车门铰链处是否有变形。

在汽车前端碰撞事故中,检查后车门与后翼子板、门槛、车顶侧板的间隙,并做左右对比是判断应力扩散范围的主要手段。

图5-7 车门与立柱检查

④检查汽车本身的惯性损伤。汽车碰撞时,一些质量较大的部件(如装配在橡胶支座上的发动机及离合器总成等)在惯性力作用下会造成固定件(橡胶垫、支架等)及周围部件及钢板的移位、断裂等,应进行检查。对于承载式车身,还需看车身与发动机及底盘的结合部是否有变形。

⑤检查来自乘员及行李的损伤。由于惯性力的作用,乘客和行李在碰撞中会引起车身二次损伤,损伤程度因乘员位置及碰撞力度而异,较常见的是转向盘、仪表工作台、转向柱护板及座椅等被损坏。行李碰撞是造成行李箱中部分设备(如CD机、音频功率放大器等)损伤的主要原因。

(2)车身零部件定损分析

在保证汽车修理质量的前提下,"用最小的维修成本完成汽车受损部位的修复工作"是定损事故汽车的基本原则。

但是,中国地域广阔,各地经济发展又极不平衡,体现在汽车维修领域,就是各地的工时费标准极不一致。在工时费较低的甲地可以修复的某个具体零部件,拿到了工时费较高的乙地可能就没有必要修复了。因此,在损失评估中,确定受损零件修与换的标准是一个难题。下面以轿车普遍采用的承载式车身为例说明常见碰撞损伤后的定损。

1)结构钣金件的定损。凡属于不通过破坏性切割作业就无法将相关结构件从车体上取下来的,都属于结构钣金件。如发动机舱的前焊接件、左右纵梁、前挡板、副车架,车身下底板的前、中、后三块钣金件,汽车后部的底板、悬架支撑,左右侧边梁的A柱、B柱、C柱、上下边梁,等等。

面对碰撞受损的承载式车身,经常会碰到弯曲变形、折曲变形的概念。弯曲变形的特点:损伤部位与非损伤部位的过渡平滑、连续;通过拉拔矫正可使其恢复到事故前的形状,而不会留下永久的塑性变形。所谓折曲变形,就是指弯曲变形剧烈,曲率半径小于3 mm,通常在很短长度上弯曲可达90°以上;矫正后,零件上仍有明显的裂纹或开裂,或者出现永久变形带,不经加热处理不能恢复到事故前的形状。

一般说来,如果承载式车身结构钣金件发生的只是弯曲变形的话,只需维修;假如发生了折曲变形,则需视情维修或更换。

当决定更换结构钣金件时,应完全遵照制造厂的建议,这一点非常重要。当需要切割或分割钣金件时,必须遵守厂方的工艺要求。一些制造厂不允许反复分割结构钣金件,另一些制造厂规定只有在遵循厂定工艺时,才同意分割。

不能切割或分割的钣金件:

①不要割断可能降低乘客安全性的区域。

②不要割断降低汽车性能的区域。

③不要割断影响关键尺寸的地方。

2)非结构钣金件的定损。非结构钣金件又称覆盖钣金件,承载式车身的覆盖钣金件通常包括可拆卸的前翼子板、车门、发动机罩、行李箱盖,以及不可拆卸的后翼子板、车顶等。

①发动机罩及附件。轿车的发动机罩绝大多数采用冷轧钢板冲压而成,少数高档轿车采用铝板冲压而成。冷轧钢板在遭受撞击后常见的损伤有变形、破损,铁质发动机罩是否需更换主要依据变形的冷作硬化程度和基本几何形状。冷作硬化程度较少、几何形状程度较好的发动机罩常采用钣金修理法修复,反之则更换。铝质发动机罩通常会产生较大的塑性变形,此时需更换。

发动机罩遭受碰撞变形、破损后应以更换为主。发动机罩铰链碰撞后会变形,以更换为主。发动机罩撑杆有铁质撑杆和液压撑杆两种,铁质撑杆基本上可校正修复,液压撑杆撞击变形后以更换为主。发动机罩拉索在轻度碰撞后一般不会损坏,碰撞严重会造成折断,应更换。

②行李箱盖。它们大多用两个冲压成形的冷轧钢板经翻边制成。判断其是否碰撞损伤变形,应看是否要将两层分开修理。如不需分开,则不应考虑更换;若需分开整形修理,应先考虑工时费与辅料费之和与其价值的关系。如果工时费加辅料费接近或超过其价值,则不应考虑修理;反之,应考虑修理。行李箱工具盒在碰撞中时常破损,评估时不要遗漏。后轮罩内饰、左侧内饰板、右侧内饰板等在碰撞中一般不会损坏。其他同车门。

③前翼子板。前翼子板没有达到必须将其从车上拆下来才能修复的损伤程度,如整体形状还在,只是中间局部凹陷,一般不考虑更换。如果损伤程度达到必须将其从车上拆下来才能修复,并且前翼子板的材料价格低廉、供应流畅,材料价格达到或接近整形修复的工时费时,应

考虑更换。

如果前翼子板每米长度超过3个折曲、破裂变形,或已无基准形状,应考虑更换。一般来说,当每米折曲、破裂变形超过3个时,整形和热处理后很难恢复其尺寸;如果每米长度不足3个折曲、破裂变形,且基准形状还在,应考虑整形修复;如果修复工时费明显小于更换费用,应考虑以修理为主。

前翼子板附件有饰条、砾石板等。饰条损伤后以更换为主,即使未被撞击,也常因钣金整形翼子板需拆卸饰条,拆下后就必须更换;砾石板因价格较低,撞击破损后一般更换即可。

④车门。如果门框产生塑性变形,一般无法修复,应考虑更换。许多车的车门面板是作为单独零件供应的,损坏后可单独更换,不必更换总成。其他同前翼子板。

车门防擦饰条碰撞变形后应更换。车门变形后,需将防擦饰条拆下整形。多数防擦饰条为自干胶式,拆下后重新粘贴上不牢固,用其他胶粘贴又影响美观,应更换。门框产生塑性变形后,一般不好整修,应考虑更换。门锁及锁芯在严重撞击后会损坏,一般以更换为主。玻璃升降机是碰撞中经常损坏的部件,玻璃导轨、玻璃托架也是经常损坏的部件,碰撞变形后一般都要更换。

⑤后搁板及饰件。后搁板碰撞后基本上都能整形修复,严重时应更换。后搁板面板用毛毡制成,一般不用更换。后墙盖板也很少破损,如果损坏,以更换为主。高位制动灯的损坏按前照灯方法处理。

⑥后围及铭牌。后围的处理按处理发动机罩的方法进行。铭牌损伤后以更换为主。

⑦不可拆卸件。三厢车后翼子板属于不可拆卸件,由于更换它需从车身上将其切割下来,而国内绝大多数汽车维修厂在切割和焊接方面满足不了制造厂提出的工艺要求,从而造成车身新的损伤。所以,后翼子板只要有修理的可能都应修复,而不应和前翼子板一样存在值不值得修理的问题。

⑧后视镜。后视镜镜体破损以更换为主,对于镜片破损,有些高档轿车的镜片可单独供应,可以通过更换镜片修复。

3)塑料件的定损。目前,基于降低车身自重的考虑,在塑料工业日益发展的条件下,车身各种零部件越来越多地使用了各种塑料,特别是在车身前端(包括保险杠、格栅、挡泥板、防碎石板仪表工作台、仪表板等)。塑料在汽车上的推广和运用产生了修理碰伤的新课题。

许多损坏的塑料件都可修复而不用更换,特别是不必从车上拆下零件进行修复,如划痕、擦伤、撕裂、刺穿等,此外,由于某些零件不一定有现货供应,修理往往可迅速进行,从而缩短修理工期。

塑料件定损需考虑的因素:

▲对于燃油箱及要求严格的安全结构件,必须考虑更换。

▲整体破碎的塑料件,以更换为主。

▲价值较低、更换方便的塑料零件以更换为主。

▲应力集中部位破碎的塑料件,以更换为主。

▲尺寸较大的基础零件,当有划痕、撕裂、擦伤或穿孔时,以修理为主。

▲因表面无漆面而不能用黏结法修理,且表面光洁度要求较高的塑料件,由于修理处会留下明显痕迹,一般应考虑更换。

①前、后保险杠及附件。保险杠主要起装饰及初步吸收碰撞能量的作用,大多用塑料制

成。对于用热塑性塑料制成、价格高昂、表面烤漆的保险杠,如破损不多,可焊接;如破损较重,只能更换。保险杠饰条破损后基本以更换为主。保险杠使用内衬的多为中高档轿车,常由泡沫制成,一般可重复使用。对于铁质保险杠骨架,轻度碰撞常用钣金修复,价值较低的中度以上的碰撞常采用更换的方法修复。铝合金的保险杠骨架修复难度较大,中度以上的碰撞多以更换为主。保险杠支架多为铁质,一般价格较低,轻度碰撞常用钣金修复,中度以上碰撞多为更换。保险杠灯多为转向信号灯和雾灯,表面破损后多更换,对于价格较高的雾灯,且只损坏少数支撑部位的,常用焊接和黏结修理的方法修复。

②前护栅及附件。前护栅及附件由饰条、铭牌等组成,破损后多以更换为主。

4)玻璃制品的定损。目前,汽车上的玻璃制品越来越多,如前后风窗、车窗、天窗、后视镜、灯具等。

①前、后风窗玻璃及附件。风窗玻璃因撞击而损坏时基本以更换为主。前风窗玻璃胶条有密封式和粘贴式,密封式无需胶条,粘贴式必须同时更换。粘贴在前风窗玻璃上的内视镜,破损后一般以更换为主。

需注意的是,后风窗玻璃为带加热除霜的钢化玻璃,价格可能较高。有些汽车的前风窗玻璃带有自动灯光和自动刮水器功能,价格也会偏高。

②天窗玻璃。天窗玻璃破碎时,一般需要更换。

③前照灯及角灯。现代汽车灯具的表面全为聚碳酸酯(PC)或玻璃制成。常见损坏形式有:调节螺钉损坏,需更换,并重新校光;表面用玻璃制成的,破损后如有玻璃灯片供应的,可考虑更换玻璃灯片;若为整体式的结构,破碎后只能更换;若只是有划痕,可以考虑通过抛光去除划痕;对于氙气前照灯,更换前照灯时需要注意,氙气发生器是无须更换的;价格高昂的前照灯,只是支撑部位局部破损的,可采取塑料焊接法修复。

④尾灯。尾灯的损坏按照处理前照灯的方法处理。

(3)车身内外装饰的检测认定

1)仪表板及中央操纵饰件。仪表板因正面或侧面撞击常造成整体变形、皱褶和固定爪破损。整体变形在弹性限度内,待骨架校正后重新装回即可。皱褶影响美观,对美观要求较高的新车或高级车最好更换。因仪表板价格较高,老旧车型更换意义不大。少数固定爪破损常以焊修为主,多数固定爪破损以更换为主。

左右出风口常在侧面撞击时破碎,左右出风口也常因二次碰撞被前排乘客右手支承时压坏。左右饰框常在侧面碰撞时破损,严重的正面碰撞也会造成支爪断裂,均以更换为主。杂物箱常因二次碰撞被前排乘客膝盖撞破,一般以更换为主。

严重的碰撞会造成车身底板变形,车身底板变形后会造成通道罩破裂,以更换为主。

2)前座椅及附件、安全带。座椅及附件因撞击造成的损伤常为骨架、导轨变形和棘轮、齿轮根切等。骨架、导轨变形常可以校正,棘轮、齿轮根切通常必须更换棘轮、齿轮机构,许多车型因购买不到棘轮、齿轮机构常需更换座椅总成。

大多数安全带在中度以下碰撞后还能使用,但必须严格检验。前部严重碰撞的安全带,收紧器处会变形,从安全角度考虑,建议更换。中高档轿车上安装有安全带自动收紧装置,收紧器上拉力传感器感应到严重的正面撞击后,电控自动收紧装置会点火,引爆收紧装置,从而达到快速收紧安全带的作用。但安全带自动收紧装置必须更换。

3)A柱及饰件、前围、暖风系统、集雨栅等。A柱因碰撞产生的损伤多以整形修复为主。

由于A柱为结构钢,当产生折弯变形时,以更换外片、整形整体为主要修复方式。A柱有上下内饰板,破损后一般以更换为主。前围多为结构件,整修与更换按结构件的整修与更换原则执行。较严重的碰撞常会造成暖风机壳体、进气罩的破碎,以更换为主。暖风散热器、鼓风机一般在碰撞中不会损坏。集雨栅为塑料件,通常价格较低,因撞击常造成破损,以更换为主。

4)侧车身、B柱及饰件、门槛及饰件等。B柱的整修与更换同A柱。车身侧面内饰的破损以更换为主。一般碰撞造成的边梁变形以整形修复为主。边梁保护膜是评估中经常遗漏的项目,只要边梁需要整形,边梁保护膜就要更换。门槛饰条破损后一般以更换为主。

5)车身底板。车身底板因撞击常造成变形,常以整修方式修复。对于整修无法修复的车身底板,基于现有修理能力,建议考虑更换车身总成。

6)车顶及内外饰件。严重的碰撞和倾覆会造成车顶损伤。

车顶损坏时,只要能修复,原则上不予更换。内饰的修复同车门内饰。落水槽饰条为铝合金外表烤漆,损伤后一般应予更换。

(4)承载式轿车车身事故损坏件分类

承载式轿车车身,在遭遇碰撞事故导致损坏时,损坏件的分类是不同的,具体见表5-2。

表5-2 承载式轿车车身的碰撞致损件分类

分 类	主要损坏件
车身外覆盖件	前后保险杠骨架、散热器护罩、发动机罩、前后翼子板、行李箱盖、车顶盖、车门、前后轮护罩、托底情况下的车底板
一级支承件	散热器框架、后尾内衬板、前后翼子板内衬板、车身立柱、车顶边梁
二级支承件	左右前纵梁、侧身底板及横梁、行李箱底板及纵梁、前减震簧座及围板
三级支承件	驾驶室前围板(前立柱中间尾板)、车身底梁底板、后轮减震簧座及围板

(5)发动机定损分析

汽车发生一般事故时,大多不会使发动机受到损伤。只有比较严重的碰撞、发动机进水、发动机托底时,才可能导致其损坏。

1)发动机及附件碰撞损坏认定及修复。

①发动机附件。发动机附件因撞击破损和变形时,以更换为主。油底壳轻度变形一般无须修理,放油螺塞处碰伤至中度以上的变形,以更换为主。发动机支架及胶垫因撞击变形、破损,以更换为主。进气系统因撞击破损和变形,以更换为主。排气系统中最常见的撞击损伤形式为发动机移位造成排气管变形。由于排气管长期在高温下工作,氧化严重,通常无法整修。消声器吊耳因变形超过弹性极限而破损,也是常见的损坏现象,应更换。

②散热器及附件。铝合金散热器修与换的掌握,与汽车的档次相关。由于中低档车的散热器价格较低,中度以上损伤一般可更换;高档车的散热器价格较高,中度以下损伤常可采用氩弧焊修复。但水室破损后,一般需更换,而水室在遭受撞击后最易破损。水管破损应更换。水泵带轮变形后通常以更换为主。风扇护罩轻度变形一般以整形校正为主,严重变形需更换。主动风扇与从动风扇的损坏常为叶片破碎,由于扇叶做成了不可拆卸式,破碎后需要更换总成。风扇传动带在碰撞后一般不会损坏,因正常使用也会磨损,拆下后如需更换,应确定是否系碰撞所致。

③散热器框架。根据"弯曲变形整修,折曲变形更换"的基本维修原则,考虑到散热器框架形状复杂,轻度变形时可以钣金修复,中度以上的变形往往不易修复,只能更换。

④铸造基础件。发动机缸体大多是用球墨铸铁或铝合金铸造。受到冲击载荷时,常常会造成固定支脚的断裂,而球墨铸铁或铝合金铸件都是可以焊接的,故对发动机缸体的断裂是可以进行焊接的。当然,不论是球墨铸铁还是铝合金铸件,焊接都会造成其变形。这种变形通常用肉眼看不出来,但由于焊接部位附近对形状尺寸要求较高,如在发动机气缸壁附近产生断裂,用焊接的方法修复常常是行不通的,一般应考虑更换。

2)发动机托底的分析。

①发动机托底的形成原因。汽车发动机在以下几种情况下易"托底":

a.通过性能较差的汽车通过坑洼路段时,可能会因颠簸而使位于较低部位的油底壳与路面相接触,从而导致发动机托底。

b.汽车在坑洼程度并不严重的路段行驶,由于速度偏高,遇到坑洼时上下颠簸也可能导致发动机托底。

c.汽车在路面状况良好的路段行驶,没有察觉前车坠落的石块,有可能导致发动机托底。

d.汽车不慎驶入路坡等处时,被石头垫起,造成托底。

②发动机托底后的损坏范围。发动机托底后,往往会对机件造成一些损失,这些损失可以划分为直接损失和间接损失。

a.直接损失。发动机托底后,会造成油底壳凹陷;如果程度较重,还可能使壳体破损,导致润滑油泄漏;如果程度严重,甚至会导致油底壳里面的机件变形、损坏,无法工作。

b.间接损失。发动机托底后,如果驾驶员没有及时熄火,油底壳内的机油将会大量泄漏,导致机油泵无油可泵,使发动机的曲轴轴瓦、连杆轴瓦得不到机油的充分润滑和冷却,轴瓦很快从干磨到烧蚀,然后与曲轴、活塞抱死。另外,由于机油压力的降低,发动机的凸轮轴、活塞和气缸缸筒也会因缺油而磨损。

发动机托底之后,导致损伤,其常规赔偿范围一般只限于以下几个方面:

• 油底壳的维修或更换。

• 油底壳密封垫的更换。

• 发动机润滑油的补充。

• 机油泵的维修或更换费用。

③非保险责任的发动机损坏。由于发动机保养不当,可能会造成机油减少、油道堵塞和连杆螺栓松动等现象。这样,在运转过程中,连杆轴瓦就会烧蚀、磨损,增大了连杆瓦座间的冲击力,最后将连杆螺栓冲断或造成螺母脱落,瓦盖与连杆脱开,其固定作用消失。这样一来,当活塞下行时,连杆冲向缸体,造成捣缸。发动机的这种损坏情况不属于保险责任,查勘定损人员必须严格掌握。如保户有异议,可以要求保存损坏的发动机零件及油底壳中的残留物,以供分析原因之用。

个别汽车发动机在捣缸时,连杆瓦座及瓦盖脱开的瞬间,向下的冲击作用会将瓦盖击向油底壳,将油底壳打漏造成机油泄漏,油底壳破损处向外翻起。这种损坏情况,如不仔细观察,会感觉与发动机托底的事故非常相似,区别就在于破损处内凹或外翻,凡属于托底的故障,破损处一定内凹。处理此类问题时,要通过仔细分析,找出损坏原因,来确定是否属于保险责任,同时也可以有力地说服保户。

3)发动机进水后的损坏分析。四冲程发动机的工作循环包括进气行程、压缩行程、做功行程和排气行程。当处于进气行程时,进气门打开,排气门关闭,活塞在外力作用下下行,缸内形成真空,燃油和空气的混合气被吸入气缸,活塞位于下止点附近时,进气行程基本结束。当处于压缩行程时,进气门、排气门均关闭,活塞在外力作用下上行,压缩进入气缸的混合气,使其压力和温度均提高,做好点火燃烧的准备,当活塞位于上止点附近时,压缩行程基本结束。混合气被点燃(汽油发动机)或压燃(柴油发动机)以后,做功行程开始,活塞被爆炸燃烧的燃气驱动着下行,对外输出功率,此时进气门、排气门仍关闭。当做功行程结束时,排气门打开,活塞上行,排出燃烧后产生的废气,当活塞到达上止点附近时,排气行程结束,进气门打开,排气门关闭,发动机的工作进入下一个循环。

如果汽车进了水,水就有可能通过进气门进入气缸。由于发动机气缸内已经进了水,在发动机的压缩冲程,活塞在上行压缩时,所遇到的不再只是混合气,还有水。由于水是不可压缩的,那么曲轴和连杆所承受的负荷就要极大地增加,有可能造成弯曲,在随后的持续运转过程中就有可能导致进一步的弯曲、断裂,甚至捣坏气缸。

需要说明的是,同样是动态条件下的损坏,由于发动机的结构不同、转速高低不同、车速快慢不等、发动机进气管口安装位置不一、吸入水量多少不一样等,所造成的损坏程度自然也就有所不同。例如,对于柴油发动机来说,由于其压缩比大,发动机在压缩冲程结束时的气缸压力要比汽油发动机高,一旦进了水,所造成的危害也要比汽油发动机大得多。

如果发动机在较高转速条件下直接吸入了水,完全有可能导致连杆折断、活塞破碎、气门弯曲、缸体被严重捣坏等故障。有时候,发动机因进水导致自然熄火,机件经清洗后可以继续使用,但有个别的汽车经一段时间的使用后,造成连杆折断捣坏缸体,这是因为当时的进水导致连杆轻微弯曲,为日后的故障留下了隐患。

(6)底盘定损分析

1)机械零部件的定损。

①铸造基础件。变速器、主减速器和差速器的壳体往往用球墨铸铁或铝合金铸造。受到冲击载荷时,常常会造成固定支脚的断裂,而球墨铸铁或铝合金铸件都是可以焊接的。

变速器、主减速器和差速器的壳体断裂可以焊接。但焊接会造成壳体的变形。这种变形虽然用肉眼看不出来,但会影响尺寸精度,若在变速器、主减速器和差速器等的轴承座附近产生断裂,用焊接的方法修复常常是行不通的,一般应考虑更换。

②悬架系统和转向系统零件。对于非承载式车身来说,车轮定位正确的前提是车架形状和尺寸正确。对于承载式车身来说,车轮定位正确的前提是车身定位尺寸正确。车身定位尺寸的允许偏差一般为1~3 mm。

悬架系统中的任何零件都不允许用校正法修理,当车轮定位仪检测出车轮定位不合格时,用肉眼和一般量具无法判断出具体损伤和变形的零部件,因而,不要轻易做出更换某个零件的决定。

车轮外倾、主销内倾和主销后倾等都与车身定位尺寸密切相关。如果数据不对,应首先分析是否是因碰撞造成的,由于碰撞不可能造成轮胎不均匀磨损,可通过检查轮胎磨损是否均匀,初步判断事故前的车轮定位情况。

检查车身定位尺寸,在消除了诸如摆臂橡胶套的磨损等原因校正好车身,使相关定位尺寸正确后,再做车轮定位检测。如果此时车轮定位检测仍不合格,再根据其结构、维修手册等判断具体损伤部件,逐一更换、检测,直至损伤部件得到确认为止。

上述过程复杂而烦琐,且技术含量较高,由于悬架系统中的零件都属于价格较高的安全部件,定损时切不可轻率、马虎。

转向机构中的零件也同样存在类似问题。

③车轮。轮辋遭撞击后以变形损伤为主,应更换。轮胎遭撞击后会出现爆胎,应更换。轮罩遭撞击后常会产生破损,应更换。图5-8所示为碰撞致损的汽车前轮。

图5-8 碰撞致损的汽车前轮

④前悬架零件。

a. 前纵梁及悬架座。承载式车身的汽车前纵梁及悬架座属于结构件,按结构件方法处理。

b. 前悬架系统及相关部件。制动盘、悬架臂、转向节、稳定杆、发动机托架均为安全部件,变形后均应更换。对于减震器,主要鉴定其是否在碰撞前已损坏。减震器是易损件,正常使用到一定程度后会漏油,如果外表已有油泥,说明在碰撞前已损坏;如果外表无油迹,碰撞造成了弯曲变形,应更换。

⑤转向机及制动系统。遭到撞击损伤后,从安全角度出发应该更换。安装有安全气囊的汽车,驾驶员气囊都安装在转向盘上,气囊因碰撞引爆后,不仅要更换气囊,通常还要更换气囊传感器与控制模块等。需要注意的是,有些车型的碰撞传感器是与SRS/ECU装成一体的,要避免维修厂重复报价。

变速操纵系统遭撞击变形后,轻度的常以整修修复为主,中度以上的以更换为主。

⑥后桥及悬架。

a. 后桥及后悬架。后悬架按前悬架方法处理,后桥按副梁方法处理。

b. 后部底板、后纵梁及附件。后纵梁损坏时按前纵梁方法处理,其他同车身底板处理方法相似。备胎盖在严重的追尾碰撞中会破损,以更换为主。

⑦变速器及传动轴。

a. 传动轴及附件。中低档轿车多为前轮驱动,碰撞常会造成外侧等角速万向节破损,需更换。有时还会造成半轴弯曲,也以更换为主。

b. 变速器。变速器损坏后,内部机件基本都可独立更换,对齿轮、同步器、轴承等的鉴定,碰撞后只有断裂、掉牙才属于保险责任,正常磨损不属于保险责任,在定损中要注意界定和区分。从保险角度来看,变速器的损失主要是托底,其他类型的损失极小。

2)自动变速器托底后的处理流程。

①报案。接到自动变速器托底碰撞的报案后,立即通知受损车辆,就地熄火停放,并请现场人员观察自动变速器下面是否有红色的液压油漏出(大部分自动变速器液压油为红色)。不允许现场人员移动车辆,更不允许任何人擅自起动发动机。

②根据查勘结果救援。根据现场查勘结果,分别采取不同的救援处理方案。假如自动变速器油底壳只有变形而没有漏油,可将受损车辆拖到附近修理厂。进行受损汽车的牵引时,原则上不要超出 3 km,变速器应置于空挡,车速不得大于 10 km/h;假如认定自动变速器油底壳已经漏油或虽然没有漏油但离汽车修理厂路途较远时,不允许直接牵引,要采用可以将受损车辆拖走的拖车,将其运到汽车修理厂。

③修复处理。将属于保险责任的受损车辆运到汽车修理厂修复。

自动变速器箱体损坏后,一般情况下只需更换箱体就可以了,但有时候,汽车配件市场上可能只有自动变速器总成而没有单独的箱体。

(7)电气设备定损分析

1)蓄电池。蓄电池的损坏多以壳体四个侧面的破裂为主,应更换。

2)发电机。发电机常见撞击损伤为带轮、散热叶轮变形,壳体破损,转子轴弯曲变形等。带轮变形应更换。散热叶轮变形可校正。壳体破损、转子轴弯曲以更换发电机总成为主。

3)刮水器系统。刮水器片、刮水器臂、刮水器电动机等,因撞击损坏主要以更换为主。而固定支架、联动杆等,中度以下的变形损伤以整修修复为主,严重变形需更换。刮水器喷水壶只在较严重的碰撞中才会损坏,损坏后以更换为主。刮水器喷水电动机、喷水管和喷水嘴被撞坏的情况较少,若撞坏,以更换为主。

4)冷凝器及制冷系统。空调冷凝器由铝合金制成,中低档车的冷凝器一般价格较低,中度以上损伤一般可更换;高档车的冷凝器价格较高,中度以下损伤常可采用氩弧焊修复。储液罐因碰撞变形一般以更换为主。如果系统在碰撞中以开口状态长期暴露于潮湿的空气中,则应更换干燥器,否则会造成空调系统工作时的"冰堵"。压缩机因碰撞造成的损伤有壳体破裂、带轮、离合器变形,等等,壳体破裂一般需更换,带轮变形、离合器变形一般也需更换。空调管有多根,损伤的空调管一定要注明是哪一根。汽车空调管有铝管和胶管两种,铝管常见的碰撞损伤有变形、折弯和断裂等,变形后一般校正;价格较低的空调管折弯、断裂时一般更换;价格较高的空调管折弯、断裂处,再接一节,用氩弧焊接的方法修复。胶管的破损一般更换。空调蒸发箱大多用热塑性塑料制成,常见损伤为箱体破损。局部破损可用塑料焊修复,严重破损一般需更换,决定更换时一定要考虑有无壳体单独更换。蒸发器换与修基本同于冷凝器,膨胀阀因碰撞损坏的可能性极小。

5)电气设备保护装置。有些电器件在遭受碰撞后,外观虽无损伤,却显示"坏了",其实这有可能是假象。如果电路过载或短路就会出现大电流,导致导线发热、绝缘损伤,有可能酿成火灾。因此,电路中必须设置保护装置。熔断器、熔丝链、大限流熔断器和断路器都是过电流保护装置,它们可单独使用,也可配合使用。碰撞会造成系统过载,相关保护装置会因过载而工作,出现断路,导致相关电器装置无法工作。此时只需更换相关的熔断器、熔丝链、大限流熔断器和断路器等即可,无须更换相连的电器件。

(8) 车身涂装修复

1) 汽车的喷漆。在对汽车车身进行钣金修复之后,一般都需要进行喷漆,这样才能恢复其亮丽的色彩。

① 基础处理。涂装之前,需要先对车体进行处理,以清除被涂物表面上的所有污物,包括脱脂、除锈、磷化及钝化处理等。

② 基层喷涂。正式喷涂前,需进行基层喷涂,包括底漆、中间涂料、面漆、抗石击涂料、密封涂料和腻子等。

③ 汽车面漆的调色。汽车车身的色彩一般要用亮度、色调和色度三个要素来确定。

a. 亮度:颜色的明暗程度,也称黑白度。

b. 色调:肉眼能看到的颜色,如红、黄、蓝及它们之间的配比色。

c. 色度:颜色对比度,包括强度、浓度、饱和度、灰度等。

光源和视觉会影响面漆的色彩,所以,调配面漆应充分考虑这些因素。

配色时先要确定汽车制造厂的漆码原色,使修补的配色与原配色尽量相同或接近。调配汽车面漆时,应首先准确识别涂料颜色,其次是正确地选择色料,再次是调配色彩的小样并与标准色卡进行对比,一直到相同为止,最后添加辅助添加剂。

④ 喷涂面漆。面漆调配妥当后,利用专用的设备将其喷涂到车身,并经烘干即可。

⑤ 后期处理。涂装之后的车身,需要用专门的处理材料修饰喷完后出现的漆膜表面缺陷和提高防锈能力,包括增光、抛光及保护材料。辅助材料用以消除涂层表面的缺陷,提高平整度,同时也为了防止噪声、振动、热量的产生与传播,方法包括打磨、擦净、遮蔽、密封等。

2) 汽车漆面的修补。

① 漆面处理的范围。烤漆处理的范围包括漆面失光处理、漆面划痕处理、全车烤漆等。

② 漆面划痕的鉴定与处理。

a. 漆面划痕的鉴定。汽车的钣金漆面在某些情况下会发生漆面破坏。例如,强氧化物与车漆相互作用,在漆面上形成氧化层,导致失光;漆面被损伤,变得凹凸不平,造成光线漫射,外观很差;因硬物刮擦,漆面产生浅划痕,未伤及底漆,仅伤及清漆和部分色漆;硬物伤及底漆的深划痕,严重时达到钣金层。

b. 漆面划痕的处理。漆面浅划痕的处理一般按下列步骤进行:

- 洗车。清除车身外壳表面的污物、泥土等。
- 要使用专用的开蜡水,以去除漆面上的蜡质层。
- 研磨漆面并抛光。应按漆面(如质量、厚度、硬度、耐磨性等)特点选择合适的抛光剂。
- 抛光作业尽管已经消除漆面上的浅划痕,但还会余留下一些发丝划痕、旋印等,这需要靠漆面还原作业来消除。
- 漆面保护。在漆面上涂保护剂即可。漆面保护剂分蜡质和釉质两类。

c. 漆面的深划痕处理。表面深划痕指深达底漆层的划痕。这种划痕不仅影响汽车外观,还容易对漆面造成腐蚀,损坏钣金。所以,漆面的深划痕必须及时处理。一般按以下程序进行:

- 表面处理。第一步,清洗和除油;第二步,除锈;第三步,去除周边旧漆;第四步,将深划痕周边砂光、砂薄。
- 上底漆和加腻子。在对划痕进行表面处理后,如金属基材未外露,底漆层附着良好,可在原底漆层上直接喷涂封闭底漆或中涂漆;如金属基材已外露,就应刮腻子,再喷涂封闭底漆或中涂漆。

③漆面失光的处理。

a.漆面失光成因。

- 自然氧化。粗看没有明显划痕,但用放大镜可看到小的斑点。
- 浅划痕。浅划痕较多时,就会影响光泽。当光线较强或在阳光下时,失光就更为明显。
- 透镜效应。在放大镜下可看到漆面有较多斑点,这是漆面受到透镜效应的严重侵蚀,使光泽变暗。

b.漆面失光处理方法。对于自然氧化不严重或有浅划痕而造成的漆面失光,一般使用抛光研磨的方法处理。自然氧化严重或透镜效应造成的漆面失光,一般应重新涂装翻新。

(9)汽车维修工时定额标准

1)事故车辆维修作业项目的确定。

①拆装项目。有些零部件或总成并没有损伤,但是,由于结构的原因,当维修人员更换、修复、检验其他部件时,需要拆下该零部件或总成,并在完成相关作业后再重新装回。

拆装项目的确定要求评估人员对被评估汽车的结构非常清楚,对汽车修理工艺了如指掌。当对被评估汽车拆装项目的确定有疑问时,可查阅相关的维修手册和零部件目录。

②事故车辆维修的更换项目。

a.结构上无法修复的零部件。某些结构件,由于所用原材料的缘故,发生碰撞后,一旦造成破损,一般无法进行维修,只能更换。脆性材料的结构件,一般都具有这一特性,如汽车灯具的严重损毁和汽车玻璃的破碎等。

b.工艺上不可修复后再使用的零部件。某些结构件,由于工艺设计就存在不可修复后再使用的特点,如胶贴的风窗玻璃饰条、胶贴的门饰条、翼子板饰条等。这些零部件一旦被损坏或开启后,就无法再用。对于一点,保险公司评估人员往往会与修理厂业务人员在损失评估时产生争议。

c.安全上不允许修理的零部件。为保证使用安全,汽车上的某些零部件一旦发生故障或造成损坏,往往不允许修复后再用,如行驶系统的车桥、悬架,转向系统的所有零部件,制动系统的所有零部件,安全气囊的传感器,等等。

d.无修复价值的零件。汽车发生事故后,从经济学角度考虑,存在着一些基本没有修复价值的零部件,即修复价值接近或超过原价值的零部件。

③待查项目。车险定损中,经常会遇到一些事故发生后从车上拆下来的零件,用肉眼和经验无法判断是否受损、是否达到需更换的程度,甚至在车辆修复前,个别单独的零件用仪器都无法检测(除制造厂外),例如转向节、悬架臂和副梁等。这些零件在定损中常被列为"待查项目"。然而,这些"待查项目"在进行完车辆修理作业后,大都变成了更换项目。其实,这里面存在着大量的道德风险。

④修理项目。在现行的汽车损失评估以及绝大多数机动车保险条款中,受损汽车在零部件的修理方式上仍以修复为主。所以在工艺上、安全上允许的且具有修复价值的零部件应尽量以修复为主。

2)汽车维修工时费的确定。事故车辆的维修费用,包括等部件价格和工时费。对于不同地区的同一款车,虽然因各地采用的维修方法不同,工时标准可能略有差异,但总体差异不大,差异较大的是各地的工时费标准。

①维修工时。

a.更换、拆装工时。在事故车辆的修理中,通常将更换、拆装作为同类工时处理。确定汽车碰撞损失的更换、拆装项目的工时标准时,可以先查阅生产厂家有无相应的工时定额,如果有,再根据当地的工时单价计算相应的工时费。如果无法查到汽车生产厂家相应的工时定额,可以查阅汽车维修主管部门制定的工时定额标准。部分进口乘用车可从《MITCHELL 碰撞估价指南》中查到各项目换件和拆装所需要的工时。

b.修理件工时费。零件修理工时的确定与更换工时的确定非常复杂,原因主要有以下几点。

• 修理工艺差异的影响。修理工艺不同,会导致汽车修理件工时的巨大差异。如汽车碰撞后导致的车门轻微凹陷,如果修理厂无拉拔设备,校正车门就必须拆下车门内饰板,而采用拉拔设备,则无须增加这部分作业工作量,这样车门的校正工时差距就会很大。

• 地域差异的影响。同样一个零件,由于工人的技术水平不等,在甲地修理可能需要 1～3 工时,而在乙地修理可能需要 2～5 工时。这就造成了零件修理工时定额的制定相当困难。评估人员应当根据自己的理论知识和实践经验,结合评估基准点的实际情况与当地的《汽车维修工时定额与收费标准》,较准确地确定修理工时。

c.辅助工时费的确定。在对事故车辆的修理作业中,除包括更换零部件工时、拆装工时、修理工时以外,还包括辅助作业工时(如放置、除锈、调整、检查等),虽然每项工时都不大,但对于较大的碰撞事故,各作业项累计后的工时通常是不能忽视的。

不过,需要注意的是,将各类工时累加时,若各损失项目在修理中有重叠作业,必须将劳动时间适度核减。

②单位工时费。各地规定的单位工时费不尽相同,有的地区统一规定了单位工时费标准,有的地区则采用"企业自报,主管部门批准,公示收费标准,允许实际下浮"的方法。不过,无论采用什么方法,汽车维修企业面对保险公司时,一般都可以进行价格谈判。

3)烤漆费用。汽车烤漆费用取决于烤漆面积及漆种单价。

①烤漆面积计算方法。烤漆面积的计算,并非利用数学方法简单计算其实际面积,而是采用实践经验法。

比较常用的计算方法是:烤漆面积不足 $0.5\ m^2$,按 $0.5\ m^2$ 计;大于 $0.5\ m^2$ 且不足 $1\ m^2$,按 $1\ m^2$ 计;大于 $1\ m^2$ 且小于 $3\ m^2$,按实际面积计;大于 $3\ m^2$ 且小于 $12\ m^2$,按实际面积的 80% 计;大于 $12\ m^2$,按实际面积的 70% 计。

②漆种单价。汽车面漆有烤漆或瓷漆。烤漆与瓷漆的不同点在于其干燥和固化的方式不同。烤漆通过溶剂的挥发而干燥,瓷漆和聚氨酯类漆的干燥则通过溶剂的挥发与油漆中分子的交互作用来实现。简单地说,烤漆的固化过程为物理变化,而瓷漆的固化过程是物理和化学变化的过程。

用醮有硝基漆稀释剂(香蕉水)的白布摩擦漆膜可以判断漆种。观察漆膜溶解程度,如漆膜溶解,并在白布上留下印迹,则是烤漆,反之为瓷漆。如果是瓷漆,再用砂纸在损伤部位轻轻打磨几下,鉴别是否漆了透明漆层,如果砂纸磨出白灰,就是透明漆层,如果砂纸磨出颜色,就是单级有色漆层,最后借光线的变化,用肉眼看一看颜色有无变化,如果有变化,则为变色漆。通过上述方法,可将汽车面漆分为四类:硝基烤漆、单涂层烤漆(常为色漆)、双层烤漆(常为银粉漆或珠光漆）和变色烤漆。

（10）事故车辆的修复价值

对于事故车辆，如果损失严重，就要考虑其是否具有修复价值。如果修复费用明显小于重置费用，完全有必要修复；如果修复费用接近重置费用，一般来说，就没有修复必要了。

1）确立更换零配件的材料价格。由于目前的汽配市场存在同一配件多种价格的现象，品质、资质完全相同的一个零部件，在同一地区可能有多种价格。因此，如何确定零部件价格是困扰机动车辆定损人员的一大难题。根据一般原理，评估的基准时点应以出险时间为评估基准时，以出险地点为评估基准地，以重置成本法为评估基本法，这样就可得到一种基本的评估价格。财产保险公司一般都有自己的报价系统，可以根据系统来确定零部件的价格。

2）确定维修工时费。根据实际发生或谈判而得的工时额以及单位工时费标准确定维修工时费（含烤漆费用）。

3）汽车的修复价值。理论上讲，任何一辆损坏的汽车都是可以通过修理恢复到事故前状态的。但是，这样往往是不经济的或没有意义的。

①汽车现值。汽车在事故发生前的价值，被称为汽车现值或实际价值。虽然事故发生前的状况已不复存在，一般还是可以根据现场状况比较准确地评估出被评估汽车的现值。

汽车现值不能等同于汽车的使用年限折旧后的价值，应该根据车型的不同、新车销售价格的变化、目前该款车型在汽车市场上被推崇的程度、该具体车辆是否发生过重大损坏事故等因素来确定，汽车的现值有可能高于或低于汽车的年限折旧后的价值。

②推定全损。虽然具体被评估的事故汽车肯定还有一定的价值，但当其修复价值已达到或超过现值的80%时，可以推定为全损。

③修复价值。当被评估汽车达到全损或推定为全损时，被评估汽车已无修复价值。

当碰撞造成的损失较大时，必须对被评估汽车的修复价值进行评定。否则，评估报告很容易引起保险索赔时的纠纷，因为它违反了财产保险的损失补偿原则。

4）确定损失车辆的残值。保险条款一般规定汽车的残值按协商作价折归被保险人所有，当保险公司与被保险人或修理厂协商残值价格时，保险公司为了提高效率和减少赔付，常常会做出一些让步。在实际操作中，残值大多数折归汽车修理厂所有，在评估实务中，汽车残值的实际价值通常会高于评估单上的残值价值。

当事故造成的损失较大，更换件也较多时，通常会要求确定残值，残值的确定通常有以下几步：

①列出更换项目的清单并分类。

②估定各类旧件的重量。

③根据旧材料价格行情确定残值。

5.2.3 汽车火灾的定损

尽管汽车起火原因复杂，但就其实质而言，不外乎火源（着火点）、可燃物、氧气（或空气）这三大因素。围绕这几点，结合汽车结构，基本可以分析出汽车起火的真实原因。

（1）汽车起火的分类

1）自燃。根据保险条款的解释，所谓自燃，是指机动车在没有外界火源的情况下，由于本车电器、线路、供油系统等车辆自身原因发生故障或所载货物自身原因起火燃烧的现象。

2) 引燃。引燃是指机动车在停放或者行驶过程中,因为外部物体起火燃烧,车体乃至全车被火引着。

3) 碰撞起火。碰撞起火是指机动车在行驶过程中,因为发生意外事故而与固定物体或者移动物体相碰撞,假如机动车采用汽油发动机,碰撞程度又较为严重,引起部分机件的位移,挤裂了汽油管,喷射而出的汽油遇到了运转着的发动机所发出的电火花,就会导致起火燃烧;或者位移的机件导致线束的短路,也有可能引发线束燃烧,从而引燃整个汽车(见图5-9)。

图5-9 碰撞起火的轿车

4) 机械故障导致起火。由于汽车上有许多高速运转的机件(如轴承),还有会在工作过程中不断产生摩擦热量的机件(如制动蹄片、轮胎),假如这些机件发生故障导致无法分离或者损坏,那么就会产生大量的摩擦热量,从而导致起火。

5) 经停不当导致汽车起火。如果汽车正常行驶或停车,不可能引起外界物体的起火。但假如停在了干草之上,或者在行驶时传动轴上缠绕了易燃物品,那么炽热的排气管就完全有可能引燃易燃物,从而导致整个汽车起火。

6) 爆炸。爆炸起火就是因为车内、车外的爆炸物起爆所引发的机动车起火燃烧,包括车内安置的爆炸物爆炸引爆,车外爆炸物爆炸引爆,车内放置的打火机、香水、摩丝等被晒爆引爆,车载易爆物爆炸引爆等多种形式。

7) 雷击起火。雷击起火就是机动车在雷雨天气被雷击中而起火燃烧的现象。

在汽车起火原因的分析中,碰撞、引燃、爆炸、雷击等不难识别,理赔处理也基本包含在车辆损失险的范围之内。但是,自燃的理赔要单独列出,其识别也存在着一定的难度。

(2) 汽车自燃的原因

1) 漏油。油箱中泄漏出来的汽油是汽车上最可怕的助燃物。漏油点大多集中在管件接头处。无论是行进还是停驶,汽车上都可能存在火源,如点火系统产生的高压电火花、蓄电池外部短路时产生的高温电弧、排气管排出的高温气体或喷出的积炭火星等,如果泄漏的燃油遇到火花,就会造成起火。

在化油器式汽车上,汽油滤清器多安装于发动机舱内,距缸体及分电器很近,一旦因燃油泄漏而使混合气达到一定浓度,只要有明火出现,自燃事故将不可避免。

例如,长途大客车发生的自燃事故居高不下。这是因为在运行10多万千米后,汽车很容易出现高压线漏电现象,瞬间电压可达10 000 V以上,足以引燃一定浓度的汽油蒸气。而长途大客车一直都是在高速运转,检修时间很少,甚至没有。

2)漏电。发动机工作时,点火线圈自身温度很高,有可能使高压线绝缘层软化、老化、龟裂,导致高压漏电。另外,高压线脱落引起跳火也是高压漏电的一种表现形式。由于高压漏电是对准某一特定部位持续进行的,必然引发局部温度升高,引燃泄漏的汽油。

低压线路搭铁是引发汽车自燃事故的另一主要原因。由于搭铁处会产生大量热能,如果与易燃物接触,会导致自燃。

造成低压线搭铁的原因:导线老化;导线断路直接搭铁;触电式控制开关因触点烧结而发生熔焊,使导线长时间通电而过载。某些私家车用户对刚刚购置的车疼爱有加,会添加防盗器、换装高档音响、增加通信设备、开设电动天窗、添加空调等,如果因为价格等原因未在专业化的汽车维修店改装,未对整车线路布置进行分析及功率复核,难免导致个别线路用电负荷加大;在对整车进行线路维修或加接控制元件时,如果在导线易松动处未进行有效固定,有可能使导线绝缘层磨损。

3)接触电阻过大。线路接点不牢或触电式控制开关触点接触电阻过大等,会使局部电阻过大,长时间通电时发热引燃可燃物。

4)车载易燃物引发火灾。当车上装载的易燃物因泄漏、松动摩擦而起火时,导致汽车起火。

5)超载。汽车超载,会导致三种可能:第一,发动机处于过度疲劳和过热状态,一旦超过疲劳极限,就有可能发生自燃;第二,车载货物较多,相互间的摩擦作用较大,货物间若捆扎不牢,有可能摩擦起火;第三,弯曲的钢板弹簧有可能与货箱相接触,导致摩擦起火。

据消防部门和车险理赔专家统计分析,汽车自燃存在着"五多"现象:小轿车多,私家车多,行驶状态发生火灾者多(约占70%),使用5年(或100 000 km)以上者多(约占70%),起火原因以漏油和导线短路居多(占60%以上)。

(3)汽车火险的查勘与定损

1)火险查勘的基本要求。在查勘汽车火险现场,分析起火原因时,需掌握构成燃烧的三大基本要素:

①导致汽车起火的火源(火花或电火花)在哪儿?

②周围是否存在易燃物品(如汽油、柴油、润滑油、易燃物等)?

③火源与易燃物品的接触渠道中是否有足够的空气可供燃烧?

只要牢牢把握以上三点,再通过查勘车身不同位置的烧损程度,先找出起火点位置,再分析起火原因,判断出汽车起火的自燃、引燃属性,就可以为下一步的准确理赔奠定基础。

2)与汽车自燃相关的几个问题。

①发动机熄火后的自燃。发动机熄火以后,有时汽车反而会自行起火燃烧,这种现象有些令人费解。其实,发动机熄火以后,由于失去了风冷条件,车体温度反而会有所上升,有可能导致临近燃点的汽车上的某些物品起火燃烧。

②汽车上的主要易燃物。汽车上的主要易燃物品有燃料、润滑油、导线、车身漆面、内饰、

塑料制品和轮胎,这些物品一旦遇火就会起到明显的助燃作用。一旦火势不可控制,就有可能将全车烧毁。

③晒爆的打火机与自燃。有的时候,驾驶人会将一次性的气体打火机放置在仪表板处。如果汽车在烈日下暴晒,很有可能会晒爆气体打火机。爆炸的打火机完全有可能毁坏仪表板,如果恰巧将仪表板上的火线炸断了,所产生的电火花就有可能将弥漫在驾驶室内的可燃气体引燃。

④车厢内部自行起火。车厢内部自行起火这种现象在理论上是存在的。但在实际当中,几乎不可能发生。原因是:车内没有明显的火源,加之车的内饰品大多带有一定的阻燃功能。

⑤防盗报警器与自燃。在汽车上擅自安装的防盗报警器,一方面可能未对线路进行功率复核;另一方面,防盗报警器是始终通电的。如果导线偶然断开或因电流过大而烧焦,就容易成为汽车上的一个自燃火源。

⑥拆卸油管可能引起自燃。对于装有电喷式发动机的汽车来说,发动机熄火以后,油管中仍然会有一定的残余汽油压力。如果维修人员在此时马上动手拆卸相关油管,则会导致汽油喷射而出,引发火灾。

⑦自燃后的轮胎。汽车起火以后,由于风向的缘故,车身两侧以及车的前后安装的轮胎燃烧程度并不一致,顺风向的轮胎会烧得严重,逆风向的轮胎则一般不会燃烧。另外,由于地面的散热条件较好,而且地面与轮胎之间没有空气流通,所以,轮胎的接地点也不会燃烧。

⑧自燃与油箱爆炸。在影视作品中,汽车燃烧往往会伴随油箱爆炸。这种场景是导演为了追求艺术方面的视觉冲击效果而设计出来的。在实际的汽车火灾现场,极少发生油箱爆炸。伴随着汽车的燃烧,油箱中的汽油往往只是会被烧光。这是因为在汽车起火燃烧的过程中,油箱内并无空气,燃烧着的火焰无法被引入油箱内部。但是,车体燃烧所产生的高温会对油箱及其内部的汽油产生强烈的烘烤,导致油箱中的汽油挥发,从而产生较高的气压,将油箱盖顶开,汽油挥发而出,快速燃烧,直至烧光。

3)保险责任。根据保险条款的解释,当发生"外界火源以及其他保险事故造成的火灾导致保险车辆的损失"时,保险公司可以在车辆损失险范围内承担保险责任。

对于因本车电器、线路、供油系统等发生问题产生自身起火,造成保险车辆损失以及违反车辆安全操作原则,用有火焰的火,如喷灯、火把烘烤车辆造成保险车辆损失的均属车辆损失险的除外责任。在对因火灾造成保险车辆损失的查勘定损处理中,应严格掌握保险责任与除外责任的区分,研究、分析着火原因。

4)汽车的定损。

①火灾对车辆损坏情况的分析。

a. 整体燃烧。整体燃烧是指发动机机舱内线路、电器、发动机附件、仪表板、内装饰件、座椅烧损,机械件壳体烧融变形,车体金属(钣金件)件脱炭(材质内部结构发生变化),表面漆层大面积烧损等现象。

b. 局部烧毁。

• 发动机机舱着火,造成发动机前部线路、发动机附件、部分电器、塑料件烧损。
• 轿车的外壳或客车、货车驾驶室着火,造成仪表板、部分电器、装饰件烧损。
• 货运车辆货箱内着火,造成货箱、运载货物烧损。

②火灾车辆的定损处理方法。

a. 对明显烧损的零部件进行分类登记。
　　b. 对机械类零部件进行测试、分解检查。特别注意转向、制动、传动部分的密封橡胶件是否有损坏。
　　c. 对金属件（特别是车架，前、后桥，壳体类等）考虑是否因燃烧而退火、变形。
　　d. 对于因火灾使保险车辆遭受损害的，分解检查工作量很大，且检查、维修工期较长，一般很难在短时期内拿出准确估价单，只能是边检查、边定损，反复进行。
　　③火灾汽车的定损。汽车起火燃烧以后，其损失评估的难度相对大些。
　　如果汽车的自燃没有蔓延开来，只是线路、管路被烧坏，根据条款，无须理赔。如果火被及时扑灭了，可能只会导致局部的损失，损失范围仅限于过火部分的车体油漆、相关导线及非金属管路、过火部分的汽车内饰。只要参照相关部件的市场价格，并考虑相应工时费，即可确定损失金额。
　　如果大火持续燃烧一段时间之后才被扑灭，虽然没有对整车造成毁灭性破坏，也可能造成比较严重的损失。凡被火"光顾"过的车身外壳、汽车轮胎、导线线束、相关管路、汽车内饰、仪器仪表、塑料制品、外露件的美化装饰等可能都会报废，定损时需考虑相关更换件的市场价格、工时费等。
　　如果燃烧程度严重，轿车外壳、客货车驾驶室、轮胎、线束、相关管路、汽车内饰、仪器仪表、塑料制品、外露件的美化装饰等肯定会被完全烧毁。部分零部件，如控制电脑、传感器、铝合金铸造件等，可能会被烧化，失去使用价值。一些看似"坚固"的基础件，如发动机、变速器、离合器、车架、悬架、车轮轮毂、前桥、后桥等，在长时间的高温烘烤下，也会因"退火"而失去应有精度，无法继续使用，此时，汽车离完全报废不远了。

5.2.4　汽车水灾的定损

　　对于因水损坏汽车的理赔，现在实行的保险条款，基本都将发动机内部的损失列为免责范围。因此，对于没有购买发动机进水损失险的标的车来说，处理进水损失时相对简单。但是，对于已经购买了发动机进水损失险的标的车来说，界定因水灾造成的发动机损坏时，需要准确区分哪些属于进水造成的损失，哪些属于机械故障造成的损失，这一点十分重要。如果判定为非保险责任而证据又不够充足时，常常会造成保险索赔时的纠纷。
　　对于仓储式的停车被淹，由于所造成的损失通常是众多标的同时受损，在短时间内要对众多车型、不同受损程度的车进行较科学的损失评估，往往会使车险评估人员感觉非常棘手。
　　对于海水造成的损失，要考虑到海水的强腐蚀性对汽车有可能造成毁灭性的损失。从大量的水灾案例实践中分析得出，做好汽车水灾理赔工作必须从以下几个方面入手：第一，迅速、快捷到达出险现场，认真、细致进行现场查勘；第二，详细了解汽车在水中浸泡时间的长短；第三，区分车型，对不同受损程度的标的车进行抽样，评定损失；第四，对同一地区、同一车型、相似受损程度的标的车制定相对一致的损失评定标准。
　　(1) 水灾损失的施救与保养
　　在遇到暴雨或洪水时，一些经验不够丰富的驾驶人，一些处理水灾受损汽车经验不多的查勘人员、维修人员，往往不知所措或采取措施不当，扩大了汽车损失。
　　例如，在发动机被水淹熄火以后，绝大多数驾驶人会条件反射般地进行重新起动发动机的尝试，期望尽快脱离被困险境，结果加重了汽车损坏；个别救援人员因所采用的施救措施不当，扩大了汽车的损坏;个别查勘定损人员无法界定水淹损失与人为扩大损失;个别维修人员采取的处置措施不当,扩大了损失。

如果查勘人员到达现场时,汽车仍在水中,则必须对其进行施救。施救时一定要遵循"及时、科学"的原则,既要保证进水汽车能够得到及时救援,又要避免汽车损失进一步扩大。施救进水汽车时,应该注意如下事项:

1) 严禁水中起动汽车。汽车进水熄火后,驾驶人绝对不能抱着侥幸心理贸然起动,否则会造成发动机进水,导致损坏。汽车被水淹的程度较重时,驾驶人最好马上熄火,及时拨打保险公司的电话,或者同时拨打救援电话,等待施救。

实践证明,暴雨中受损的汽车,大多数是因为汽车在水中熄火后,驾驶人再次起动而造成发动机损坏。据统计,大约有90%的驾驶人,在发现自己的汽车在水中熄火后,会再次起动,这是导致发动机损失扩大的主要原因。

2) 科学拖车。施救水淹车时,一般应采用硬牵引方式拖车,或将汽车前轮托起后牵引,不要采用软牵引方式。如果采用软牵引方式拖车,一旦前车减速,被拖汽车只有选择挂挡、利用发动机内部的阻力来牵阻减速。这就会导致被拖汽车发动机的转动,最终导致发动机损坏。如能将前轮托起后牵引,可避免因误挂挡而引起的发动机损坏。另外,拖车时一定要将变速器置于空挡,以免车轮转动时反拖发动机运转,导致活塞、连杆、气缸等的损坏。对于采用自动变速器的汽车,不能长距离拖拽(通常不宜超过 20 km),以免损伤变速器。

在将整车拖出水域后,尽快把蓄电池负极线拆下,以免各种电器因进水而短路。

3) 及时告知车主和承修厂商。在将受淹汽车拖出水域后,应及时告知车主和承修厂商,下列措施是被保险人应尽的施救义务(最好印制格式化的告知书),交被保险人或当事人签收,以最大限度防止损失扩大。

容易受损的电器(如各类电脑模块、音响、仪表、继电器、电动机、开关、电器设备等)应尽快从车上卸下,进行排水清洁,电子元件用无水酒精清洗(不要长时间用无水酒精清洗,以免腐蚀电子元件)、晾干,避免因进水引起短路。某些价值高昂的电器设备,如果清洗晾干及时,完全可以避免损失;如果清洗晾干不及时,就有可能导致报废。

4) 及时检修电气元器件。汽车电脑最严重的损坏是芯片损坏。前风窗处通常设有流水槽及排水孔,可及时排掉积水。汽车被水泡过以后,流水槽下往往沉积了许多泥沙及树叶,极易堵住排水孔,应及时疏通,以免排水不畅造成积水。当积水过多时,水会进入车内,可能危及汽车电脑,导致电控系统发生故障,甚至损坏。此线路因为结冰,其表皮会过早老化,出现裂纹,导致金属外露,最终使电路产生故障。装有电喷发动机的汽车,其控制电脑更怕受潮。车主应随时注意电脑的密封情况,避免因电脑进水,使控制紊乱而导致全车瘫痪。

安全气囊的保护传感器有时与电脑做成一体,如果电脑装于车的中部,一般为此种结构,维修时只要更换了安全气囊电脑,就无须更换保护传感器。部分高档车(3.0 L 以上)的安全气囊传感器一般用硅胶密封,其插头为镀银,水淹后一般无须更换;低档车插头为镀铜,水浸入后发绿,可用无水酒精擦洗,并用刷子刷,再用高压空气吹干。

一般而言,如果电脑仅仅是不导电,还可进行修理;如果芯片出现毛病,就需更换了。根据车型不同,电脑价格在 1 000~8 000 元之间。

各类电机进水以后,对于可拆解的电动机,如起动机、发电机、天线电动机、步进电动机、风扇电动机、座位调节电动机、门锁电动机、ABS 电动机、油泵电动机等,可以采用"拆解—清洗—烘干—润滑—装配的流程处理;对于无法拆卸的电动机,如刮水器电动机、喷水电动机、玻璃升降电动机、后视镜电动机、鼓风机电动机、隐藏式前照灯电动机等,则无法按上述方法处理;进水后即使当时检查是好的,使用一段时间后也可能发生故障,一般应考虑一定的损失补偿率,损失补偿率为20%~40%。

5) 及时检查相关机械零部件。

①检查发动机。汽车从水中施救出来后,要对发动机进行检查。先检查气缸有没有进水,气缸进水会导致连杆被顶弯,损坏发动机。检查机油里面是否进水,机油进水会导致其变质,失去润滑作用,使发动机过度磨损。检查时,将机油尺抽出,查看机油尺上机油的颜色。如果机油尺上的油呈乳白色或有水珠,就要将机油全部放掉,清洗发动机后,更换新油。

将火花塞全部拆下,用手转动曲轴,如果气缸进水,则从火花塞螺孔处会有水流出。如感觉有阻力,说明发动机内可能有损坏,不要借助工具强行转动,要查明原因,排除故障,以免引起损坏扩大。

如果通过检查未发现机油异常,可从火花塞螺孔处加入少许机油,用手转动曲轴数次,使整个气缸壁都涂上一层油膜,以防锈、密封,同时也有利于发动机起动。

②检查变速器、主减速器及差速器。如果上述部件进了水,会使其内的齿轮油变质,造成齿轮磨损加剧。对于采用自动变速器的汽车,还要检查控制电脑是否进水。

③检查制动系统。对于水位超过制动油泵的被淹汽车,应更换全车制动液。因为当制动液里混入水时,会使制动液变质,致使制动效能下降,甚至失灵。

④检查排气管。如果排气管进了水,要尽快排出,以免水中杂质堵塞三元催化转化器和损坏氧传感器。

6) 清洗、脱水、晾晒、消毒及美容内饰。如果车内因潮湿而有霉味,除了在阴凉处打开车门,让车内水汽充分散发,消除车内潮气和异味外,还需对车内进行大扫除,更换新的或晾晒后的地毯及座套。再看车门铰链部分、行李箱地毯之下、座位下的钢铁部分以及备用胎固定锁部位有没有生锈痕迹。

车内清洁不能只使用一种清洁剂和保护品,应根据各部位的材质选用不同的清洁剂。多数美容装饰店会选用碱性较大的清洁剂,这种清洁剂虽然有增白、去污功效,但也有一定后患,碱性过强的清洁剂会浸透绒布、皮椅、顶篷,最终出现板结、龟裂等。应选择 pH 值不超过 10 的清洗液,配合专用抽洗机,在清洁的同时用循环水将脏东西和清洗剂带走,并将此部位内的水汽抽出。还有一种方法是采用高温蒸汽对车内真皮座椅、车门内饰、仪表板、空调风口和地毯等进行消毒,同时清除车内烟味、油味、霉味等各种异味。

7) 保养汽车。如果汽车整体被水浸泡,除按以上方法排水外,还要及时擦洗外表,防止酸性雨水腐蚀车体。最好对全车进行一次二级维护。全面检查、清理进水部位,通过清洁、除水、除锈、润滑等,恢复汽车性能。

8) 谨慎起动。在对汽车进行排水处理前,严禁采用起动机、人工推车或拖车方式起动被淹汽车。只有进行了彻底的排水处理,并进行了相应润滑后,才能进行起动的尝试。

(2) 水淹基本情况

1) 水的种类。评估汽车水淹损失时,通常将水分为淡水和海水。本书只对淡水造成的损失进行评估。

在对淡水水淹汽车的损失评估中,应查看淡水的混浊情况。多数水淹损失中的水为雨水和山洪形成的泥水,但也有下水道倒灌形成的浊水,这种城市下水道溢出的浊水中含有油、酸性物质和各种有机物质。油、酸性物质和其他有机物质对汽车的损伤各不相同,现场查勘时需充分注意,并进行明确记录。

2)汽车的配置。定损汽车的水淹损失时,要对被淹汽车的配置认真详细地进行记录,特别注意电子器件,如 ABS、ASR、SRS、AT、CVT、cCs、CD、GPS 和 TEMS 等。对水灾可能造成的受损部件,一定要做到心中有数。另外,要对真皮座椅、高档音响、车载 DVD 及影视设备等配置是否为原车配置进行确认,如果不是原车配置,应核实车主是否投保"新增设备险"。区分受损配置是否属于"保险标的"。

3)水淹高度。水对汽车的淹没高度是确定水淹损失程度非常重要的一个参数。一般说来,针对不同的车型,"水淹高度"通常不以具体的高度值作为计量单位,而是以汽车上某个重要的位置作为参数,轿车的水淹高度可分为 6 级,每一级的损失程度各不相同,相互之间差异较大。具体内容将在后面损失评估时再进行定性和定量分析。

4)水淹时间。汽车被水淹时间的长短,是评价水淹损失程度的另外一个重要参数。水淹时间长短对汽车所造成的损伤差异很大。现场查勘时,第一时间通过询问来确定水淹时间是一项重要的工作。水淹时间一般以小时(h)为单位,通常分为 6 级,见表 5-3。

每一级所对应的损失程度差异较大,后面损失评估时将进行定性和定量分析。

表 5-3 水淹时间与级别　　　　　　　　单位:h

水淹级别	水淹时间	水淹级别	水淹时间
1	$t \leqslant 1$	4	$12 < t \leqslant 24$
2	$1 < t \leqslant 4$	5	$24 < t \leqslant 48$
3	$4 < t \leqslant 12$	6	$t > 48$

(3)水灾损失评估

汽车种类繁多,各类别之间略有差异。本书以社会保有量较大的乘用车为例,阐述汽车的水灾损失评估。

1)水淹汽车的损坏形式。

①静态进水损坏。汽车在停放过程中被暴雨或洪水浸入甚至被淹没,属于静态进水。

汽车在静态条件下进水,会造成内饰、电路、空气滤清器、排气管等部位受损,有时气缸也会进水。在这种情况下,即使发动机不起动,也可能造成内饰浸水、电路短路、电脑芯片损坏、空气滤清器、排气管和发动机泡水生锈等。对于采用电喷发动机的汽车来说,一旦电路遇水,极有可能导致线路短路;如果强行起动发动机,极有可能导致严重损坏。就机械部分而言,汽车被水泡过之后,进入发动机的水分在高温作用下,会使内部运动机件锈蚀加剧,当进气行程吸水过多时,容易造成连杆变形,严重时导致发动机报废。

汽车进水后,内饰容易发霉、变质。如不及时清理,天气炎热时,会出现各种异味。

②动态进水损坏。汽车行驶过程中,发动机气缸因吸入水而熄火,或在强行涉水未果、发动机熄火后被水淹没。动态条件下,由于发动机仍在运转,气缸内因吸入了水会迫使发动机熄火。在这种情况下,除了静态条件下可能造成的全部损失外,还有可能导致发动机直接损坏。

2)汽车水险的理赔分类。从保险公司的业务划分看,因暴雨造成的汽车损失主要分 5 种。

①暴雨淹及车身而进水,导致金属零件生锈、电子电器及内饰损坏。
②发动机进水后,驾驶人未经排水处理,机件损坏。
③水中漂游物或其他原因对车身、玻璃等造成碰撞、碰伤等损失,或因其他相关原因造成汽车损失。
④落水后,为抢救汽车,或者为了将受损汽车拖到修理厂而支付的施救、拖车等费用。
⑤汽车被水冲失所造成的全车损失。

3) 水淹后的损失评估。汽车不同水淹高度对应的损失见表5-4。

表5-4 汽车不同水淹高度对应损失

水淹高度	特 征	可能造成的损失	损失率
1	水淹高度在制动盘和制动毂下沿以上,车身底板以下,乘员舱未进水	制动盘和制动毂,损坏形式主要是生锈,生锈的程度主要取决于水淹时间的长短以及水质。通常情况下,无论制动盘和制动毂的生锈程度如何,所采取的补救措施主要是四轮的保养	约为0.1%
2	水淹高度在底板以上,乘员舱进水,但水面在驾驶人座椅垫以下	四轮轴承进水;全车悬架下部连接处因进水而生锈;配有ABS的汽车轮速传感器磁通量传感失准;底板进水后,如果车身底板防腐层和油漆层本身有损伤,就会造成锈蚀	0.5%~2.5%
3	水淹高度在驾驶人座椅垫面以上,仪表工作台以下	座椅、部分内饰潮湿和污染;真皮座椅、真皮内饰损伤严重。若水淹时间超过24 h,还会造成桃木内饰板分层开裂,车门电动机进水,变速器、主减速器及差速器可能进水,部分控制模块、起动机、中高档车行李舱中CD换片机、音响被水淹	1.0%~5.0%
4	水淹高度在仪表工作台中部	发动机进水;仪表板中部音响控制设备、CD机、空调控制面板受损;蓄电池放电、进水;大部分座椅及内饰被水淹;音响的喇叭全损;各种继电器、熔丝盒可能进水;所有控制模块被水淹	3.0%~15.0%
5	乘员舱进水,水淹高度在仪表工作台面以上,顶篷以下	全部电器装置被水泡;发动机严重进水;离合器、变速器、后桥也可能进水;绝大部分内饰被水泡;车架大部被水泡	10.0%~30.0%
6	水淹高度超过车顶,汽车被淹没顶部	汽车所有零部件都受到损失	25.0%~60.0%

4) 水灾损失现场查勘报告。事先准备格式化的现场查勘报告(见表5-5),这是**查勘定损人员实施快捷、准确查勘的前提**。

表 5-5 汽车火灾损失现场查勘报告单

水淹高度	
	1级□制动盘和制动毂下沿以上,车身底板以下,乘员舱未进水
	2级□车身底板以上,乘员舱进水,而水面在驾驶人座椅垫以下
	3级□乘员舱进水,而水面在驾驶人座椅垫面以下,仪表工作台以下
	4级□乘员舱进水,仪表工作台中部
	5级□乘员舱进水,仪表工作台面以下,顶篷以下
	6级□水面超过车顶
	其他( )

水淹时间:□$t \leqslant 1$ h □1 h$<t \leqslant 4$ h □4 h$<t \leqslant 12$ h □12 h$<t \leqslant 24$ h □24 h$<t \leqslant 48$ h □$t>48$ h

查勘时间	(1)是否第一现场	(2)	(3)
查勘地点	(1)	(2)	(3)
出险时间:		保险期限:	出险地点:

出险原因:□暴雨 □洪水 □其他( )

事故涉及险种:□车辆损失险 □第三责任险 □附加险( )

事故经过:

施救情况:

备注说明:

被保险人签字: 查勘人签字:
　　　年　月　日　　　　　　　　　　年　月　日

5.2.5 汽车盗抢的定损

盗抢汽车是一种全球性的犯罪行为。汽车被盗会给保险公司和车主造成巨大的经济损失和心理创伤。以一辆售价20万元、投保了全车盗抢险的轿车为例,如果失窃,保险公司会给车主赔付车价款的80%,即16万元,其余20%的车价及车辆购置税、上牌费、装饰费、剩余时间的保费等费用则由车主自己承担,需要6~8万元。

(1)汽车盗抢险条款解读

1)保险责任。

2)责任免除。

①非全车遭盗抢,仅车上零部件或附属设备被盗、被抢劫、被抢夺。

②保险车辆被盗窃未遂,造成保险车辆的损失。

③保险车辆被诈骗、罚没、扣押造成的全车或部分导致第三者人员伤亡或财产损失。

④保险车辆与驾驶人同时失踪。

⑤被保险人因民事、经济纠纷而导致保险车辆被抢劫、抢夺。

⑥被保险人及其家庭成员、被保险人允许的驾驶人员的故意行为或违法行为造成的损失。

⑦被保险人未能向保险人提供出险地县级以上公安刑侦部门出具的盗抢案件证明、车辆已报停手续及机动车辆登记证书。

3)保险金额。保险金额一般由投保人与保险人在保险车辆的实际价值内协商确定。当保险车辆的实际价值高于购车发票金额时,大多以购车发票金额确定保险金额。

在汽车盗抢案高发地区,针对容易失窃的车型,部分保险公司在核定盗抢险基准费率基础上,可根据车辆的风险高低在50%~300%间浮动,承保高风险汽车时,会增加保费。但还要根据该车使用人情况、车辆自身防盗装置、停放情况等条件而定。如果一辆装有电子防盗装置并有固定停车位的富康轿车,其盗抢险费率能下浮30%左右;而一辆无防盗装置,又经常停放在马路边的桑塔纳轿车,其盗抢险费率则可能上浮100%。

4)赔偿处理。

①赔付的基本前提。除另有约定外,投保机动车盗抢险的机动车必须拥有国家规定的车辆管理核发的正式号牌。

②出险通知。被保险人得知或应当得知车辆被盗窃、被抢劫或被抢夺后,应在24 h内(不可抗力因素除外)向公安部门报案,同时通知保险人,并在保险人指定报纸登报声明。

③提供单证被保险人。索赔时,须提供保险单、机动车行驶证、购车原始发票、车辆购置税凭证、原车钥匙,以及出险地县级以上公安刑侦部门出具的盗抢案件证明、车辆已报停手续和机动车辆登记证书。

④全车损失。在保险金额内计算赔偿,并实行20%的绝对免赔率。但若被保险人索赔时未能提供机动车行驶证、机动车辆登记证书、购车原始发票、车辆购置税凭证,每缺少一项,增加1%的免赔率;缺少原车钥匙(任何一把)增加3%的免赔率,未能提供车辆停驶手续或出险地县级以上公安刑侦部出具的盗抢立案证明的,保险人不承担赔偿责任。

⑤部分损失。全车被盗窃、被抢劫、被抢夺过程中及其以后发生事故造成保险车辆、附属设备丢失或损失需要修复的合理费用,在保险金额内按实际修复费用计算赔偿。

5)失窃车找回。如保险车辆全车被盗窃、抢劫、抢夺后被找回的,若在60天之内尚未支付赔款的,归还车辆;若超过了60天,已支付赔款的,应将该车辆归还被保险人,同时收回相应赔款。如果被保险人不愿意收回原车,则保险人在实际赔偿金额内取得保险车辆的权益,车主协助保险公司办理有关手续。

(2)汽车被盗抢后的理赔

汽车被盗后,如果投保了盗抢险,应如实向公安部门和保险公司告知丢车日期、时间、地点、车内财物、行驶里程,保险公司还会了解车主是在汽车丢失多久后向公安部门报的案。

如果被盗汽车在60天内未追回,保户即可向保险公司索赔。索赔时须提供保险单、公安部出具的案件证明、机动车行驶证、购车原始发票、购置税凭证、机动车辆停驶凭证收据等必要单证。

保户获得赔偿后,若被盗抢的车找回,保险公司可将车辆归还给保户,并收回相应赔款。如保户不愿收回原车,则车辆所有权归保险公司所有。

如保户自公安部门出具被盗抢证明之日起,60天内不提交上述单证,视为自愿放弃。

(3)索赔时必带材料

汽车被盗后,车主索赔时须携带规定的材料。其中,机动车丢失证明、机动车停驶证明两项必须提供,否则保险公司不予赔偿;机动车行驶证、购置税缴费凭证、购车发票、车钥匙,每少一项,保险公司可能会增加1%~3%的免赔率;如果车主是贷款买的车,还得"光顾"银行。

汽车被盗索赔时必带材料:

1)出险通知书:由保险公司提供,保户填写(公车需要盖章,私车需要签字)。
2)保险单原件,机动车行驶证原件。
3)购车发票原件。
4)购置税缴费凭证和收据原件。
5)权益转让书:由保险公司提供(公车需要盖章,私车需要签字)。
6)机动车丢失证明原件:由公安局提供。
7)汽车钥匙(全部)。
8)机动车停驶证明原件:交通局提供。
9)车主证件:车主是单位的,需要营业执照或介绍信;是个人的,需要身份证。
10)赔款结算单:由保险公司提供(公车需要盖章,私车需要签字)。

作业与思考

1. 利用层次分析法,解析事故损失的组成与隶属关系。
2. 利用网络资料,解析事故车辆损失构成,形成系统的定损评估算法。
3. 利用SWOT分析,对比不同费用和方案的优缺点。
4. 调查各类企业中配件和库存情况,研究换件与修理之间存在的差异,分析各关联企业由此带来的效益差异。

第6章 汽车保险概述

学习重点

1. 掌握汽车保险基本种类。
2. 掌握汽车保险中的基本概念。
3. 掌握汽车保险案件处置流程与工作的内容。

汽车保险也称机动车辆保险,是以被保险车辆的损失,或者因被保险车辆发生交通事故而导致被保险人应负的责任为保险标的的保险。汽车保险具有保险的所有特征,其保险对象为汽车及其责任人。从其保障的范围来看,它既属财产保险,又属责任保险。在保险实务上,因保险标的及其内容不同而赋予不同的名称。虽然各个国家根据国情和需求的不同而设计了不同的汽车保险条款,但汽车保险总体上都可以分为"汽车损失险"和"汽车责任险"两大类。对于汽车损失险,不同国家之间的承保范围有所不同。对于汽车责任险,保险业发达的国家均在承保内容上力求扩张,以便所有交通事故受害人均能得到合理的赔偿,这是现代保险业发展的必然趋势。

6.1 汽车保险的基本概念

在涉及汽车事故保险中,由于所涉及的参与方较多,而且道路交通环境之间动态复杂,事故责任与经济损失各方千差万别,因此必须清晰掌握以下概念。

1) 投保人:是指办理汽车保险并支付保险费的人。

2) 被保险人:是指受保险合同保障的汽车的所有者(即行驶证上载明的车主),如果车主为自己的汽车投保,则投保人与被保险人是一致的;如果其他人为不归自己所有的汽车投保,则投保人与被保险人是不一致的。这两种情况都是保险公司允许的。

3) 第三者:在保险合同中,保险公司是第一方,也叫第一者;被保险人或致害人是第二方,也叫第二者;除保险公司与被保险人之外的、因被保险车辆的意外事故而遭受人身伤害或财产损失的受害人是第三方,也叫第三者。

4) 保险人:指与投保人订立保险合同,并承担赔偿或者给付保险金责任的保险公司。

6.2 汽车保险的种类和保险条款

6.2.1 保险种类

我国机动车保险业务主要受《中华人民共和国保险法》(简称《保险法》)、《道路交通安全法》、《机动车交通事故责任强制保险条例》(简称《条例》)等法律、法规的调整。其中,《保险法》是层级较高的人大法律,对财产保险和人身保险等各种保险都具有法律效力。而《条例》是法律层级相对较低一些的国务院条例,是专门针对车辆保险业务的,具有更好的可操作性。所有从事车险业务的人员都应当认真学习相关条款和规定。

我国的汽车保险分为机动车交通事故责任强制保险(简称"交强险")和机动车商业保险,机动车商业保险又包括第三者责任险、车辆损失险、盗抢险、车上人员责任险等各种主险和附加险。

6.2.2 机动车交通事故责任强制保险

交强险是我国首个由国家法律规定实行的强制保险制度。《条例》规定:交强险是由保险公司对被保险机动车发生道路交通事故造成受害人(不包括本车人员和被保险人)的人身伤亡、财产损失,在责任限额内予以赔偿的强制性责任保险。交强险主要是承担广覆盖的基本保障。对于更多样、更高额、更广泛的保障需求,则由第三者责任险和车辆损失险等保险来解决。例如,消费者在购买交强险后,还可以购买更多责任限额(如5万元、10万元、15万元或更高)的第三者责任险、车辆损失险以及附加盗抢险、不计免赔险和玻璃单独破碎险等保险,以获得更高水平的保险保障。

根据《条例》规定,在中华人民共和国境内道路上行驶的机动车的所有人或者管理人都应当投保交强险。同时规定,机动车所有人、管理人未按照规定投保交强险的,将由公安机关交通管理部门扣留机动车,通知机动车所有人、管理人依照规定投保,并处应缴纳保险金2倍的罚款。

交强险和第三者责任险都属于三者险,那么它们有什么不同呢? 一是赔偿原则不同。根据《道路交通安全法》的规定,对机动车发生交通事故造成人身伤亡、财产损失的,由保险公司在交强险责任限额范围内予以赔偿;而在第三者责任险中,保险公司是根据投保人或被保险人在交通事故中应负的责任来确定赔偿责任。二是保障范围不同。除了《条例》规定的个别事项外,交强险的赔偿范围几乎涵盖了所有道路交通责任风险;而在第三者责任险中,保险公司不同程度地规定有免赔额、免赔率、责任免除事项。三是交强险具有强制性。根据《条例》规定,机动车的所有人或管理人都承担投保交强险,同时,保险公司不能拒绝承保,不得拖延承保和不得随意解除合同。第三者责任险是按照自愿原则由投保人选择购买。四是根据《条例》规定,交强险实行全国统一的保险条款和基础费率,中国银行保险监督管理委员会(简称"银保监会")按照交强险业务总体上"不盈利不亏损"的原则审批费率。五是交强险实行分项责任限额。

交强险责任限额是指被保险机动车发生道路交通事故,保险公司对每次保险事故所有受害人的人身伤亡和财产损失所承担的最高赔偿金额;交强险责任总赔偿限额为12.2万元,但对各项赔偿限额又做了进一步细分,见表6-1。

表6-1 交强险责任限额

赔偿限额	被保险机动车在道路交通事故中有责任	被保险机动车在道路交通事故中无责任
死亡伤残赔偿限额	11万元	1.1万元
医疗费用赔偿限额	1万元	1 000元
财产损失赔偿限额	2 000元	100元

交强险责任限额水平并不是一成不变的,可能会随着国民经济的发展逐步提高。这也是国际上通行的做法。交强险制度实施一段时间后,银保监会将根据国民经济发展水平以及制度实施的具体情况,会同相关部门适时调整责任限额。

交强险的保险期通常为1年,仅在以下四种情况下投保人才可投保1年以内的短期交强险:一是境外机动车临时入境的;二是机动车临时上道路行驶的;三是机动车距规定的报废期限不足1年的;四是银保监会规定的其他情形。

道路交通事故具有突发性,为了确保交通事故受害人能得到及时有效的救治,《条例》规定,对于驾驶人未取得驾驶资格或者醉酒的、被保险机动车被盗抢期间肇事的、被保险人故意制造道路交通事故的,保险公司应在交强险医疗费用赔偿限额内垫付抢救费用,之后再向致害人追偿。

6.2.3 机动车商业保险

我国汽车商业保险已经进入市场化运作阶段,各家保险公司推出的机动车商业保险的种类会有差异,但归纳起来可以分为两大类别:主险(基本险)和附加险。主险是指可以独立承保的险种,如车辆损失险、第三者责任险等。附加险不能单独承保,只能附加在主险之上,如自燃损失险、车上人员责任险、玻璃单独破碎险等。

2007年,中国保险行业协会牵头中国人民保险(A)、中国平安保险(B)、中国太平洋保险(C)三家保险公司联合制定了2007版A、B、C三套行业商业车险产品,包括车辆损失险和第三者责任险2个险种。各经营商业车险业务的保险公司可选择使用以上三款车险行业条款或自主开发车险条款,并可以在车险行业条款基础上开发补充性车险产品和其他特色车险产品。车险行业条款为消费者提供了标准化的车险产品,产品差异进一步缩小,保障范围、费率结构、费率水平和费率调整系数基本一致,还增强了实务操作的透明度,理赔服务方面的竞争将更加激烈。2007年4月1日,各家保险公司正式启用由行业协会制定的2007版商业车险条款,2006版条款同时作废。

2007版条款降低了投保人理解保险条款的难度,对于条款约定不明确、实务中易引起纠纷的内容,在文字表述上进行了修改。实现了与交强险的进一步衔接。表6-2是中国人民保险(A)、中国平安保险(B)、中国太平洋保险(C)三家公司2007年保险条款的差异对比。

表6-2 保险条款差异对比

保险公司	机动车保险产品系列			摩托车、拖拉机保险
中国人民保险(A)	机动车辆保险条款		特种车保险条款	免税机动车关税责任险
	家庭用车车辆损失险条款	三者险条款	特种车保险条款	摩托车、拖拉机保险条款
	非营业用车车辆损失险条款			
	营业用车车辆损失险条款		免税机动车关税责任险	
	盗抢险条款			
	附加险(含特约车)条款			
	车上人员责任险条款			车上人员责任险
中国平安保险(B)	机动车辆保险条款:总则+主险、附加险+通用条款			摩托车、拖拉机保险条款
中国太平洋保险(C)	机动车辆保险条款:三者险条款、车辆损失险条款、车上人员责任险条款、盗抢险条款、附加险条款、特约险条款			摩托车、拖拉机保险条款

各家保险公司2007版保险条款的结构与旧条款相比都发生了较大的变化,下面以中国平安保险为例说明保险条款的具体变化。不计免赔以基本险不计免赔率特约条款、附加险不计免赔率特约条款的形式从主险系数变为附加险。另外,还增加了一些附加险,如附加油污污染责任险、车轮单独损坏险、涉水形式损失险、随车行李物品损失险、保险事故附随费用损失险、车辆重置特约险(A/B)、换件特约险、系安全带补偿特约险、指定专修厂特约条款、特种车特约条款、基本险不计免赔率特约条款、附加险不计免赔率特约条款。表6-3详细介绍了2007版机动车商业保险(B)主险和附加险的关系。

表 6-3 机动车商业保险(B)主险和附加险

主 险	车辆损失险	三者险	车上人员责任险	盗抢险
附加险	车损不计免赔	三者不计免赔	车上人员不计免赔	盗抢险不计免赔
	玻璃单独破碎	车上货物责任险		全车盗抢附加 高尔夫球具盗抢险
	车身划痕损失险	车载货物掉落责任险		
	自燃损失险	附加油污污染责任险		
	车辆停驶损失险			
	代步车费用险			
	新增加设备损失险			
	多次事故免赔特约险			
	绝对免赔额(因子)			
	交通事故精神损害赔偿险			
	附加险不计免赔险			
	特约车特约险			
专用附加险	车轮单独损坏险		系安全带补偿特约险	
	涉水行驶损失险			
	随身行李物品损失险			
	换件特约险			
	指定专修厂			
	保险事故附随费用损失险			
	车辆重置特约险			

与中国平安保险的条款相比,中国人民保险和中国太平洋保险的 2007 年保险条款也有一些特色附加险。中国人民保险的特色附加险有教练车特约条款,法律费用特约条款,约定区域通行费用特约条款,租车人人车失踪特约条款,送油、充电服务特约条款,拖车服务特约条款,附加机动车出境保险条款,广东、深圳分公司免税机动车关税责任险条款。中国太平洋保险的特色附加险有节假日行驶区域扩展特约条款,法律服务特约条款,救援费用特约条款,免税车辆关税责任险条款,特种车固定机具、设备损失险条款,特种车车辆损失扩展险条款,零部件、附属设备被盗窃险条款。

6.3 我国机动车商业保险条款

2006 年 7 月 1 日,伴随机动车交通事故责任强制保险的实施,中国保险行业协会即推出了包括车辆损失险和第三者责任险 2 个险种的 A、B、C 三套行业商业车险产品。中国保险行业协会在2006版行业产品的基础上,经过修订和扩充,开发了2007版车险行业条款,于2007年2月27日正式获得银保监会批准,并于4月1日正式启用。各经营商业车险业务的保险公司可选择使用车险行业条款或自主开发车险条款,并可以在车险行业条款基础上开发补充性车险产品和其他特色车险产品。但保障范围、费率结构、费率水平和费率调整系数基本一致、略有差异,其保险责任、责任免除和费率水平较2006版行业条款更为趋同。在2007版三套行业商业车险产品中,B条款最具有代表性。

6.4 机动车保险案件的处理流程

机动车保险的范围包括车辆事故险、水灾和火灾险、盗抢险等,其中机动车道路事故所占比例最大。

机动车保险事故处理涉及两类情况,一类是交强险事故的处理,另一类是商业保险事故的处理,两种情况既有区别,又有紧密的联系。机动车交通事故责任强制保险是由国家法律规定实行的强制保险制度。国家主管部门制定了《交强险理赔实务规程》《机动车交强险互碰赔偿处理规则》《交强险财产损失"互碰自赔"处理办法》等规范性文件,对交强险的保险范围、查勘理赔程序、赔偿限额等有统一、详细、规范的规定。而机动车商业保险事故处理流程并没有统一的规定,各保险公司商业保险事故处理具体的流程并不完全一样,但基本流程是相似的,一般包括接受报案、现场查勘、确定保险责任、立案、定损核损、赔款理算、核赔、结案处理、支付赔款等环节。具体流程如图6-1所示。

6.4.1 接受报案

保险人接受被保险人报案后,需要开展询问案情、查询与核对承保信息、调度安排查勘人员等工作,具体操

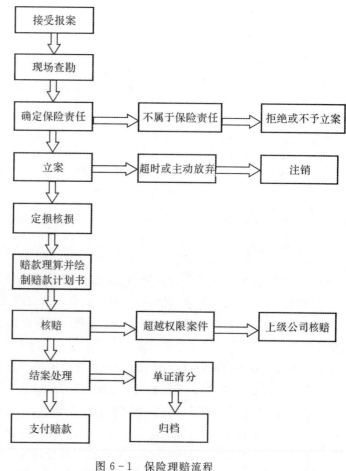

图6-1 保险理赔流程

作流程如图 6-2 所示。

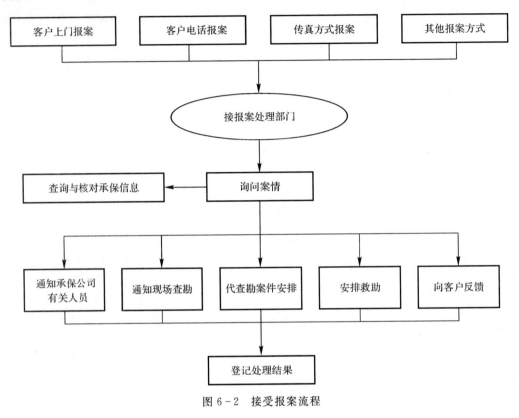

图 6-2 接受报案流程

6.4.2 现场查勘

查勘人员接到查勘通知后,应迅速做好查勘准备,尽快赶赴现场,会同被保险人及有关部门开展查勘工作,具体操作流程如图 6-3 所示。现场查勘应由两位以上人员参加,并应尽量查勘第一现场。如果第一现场已经改变或清理,要及时调查了解有关情况。

6.4.3 确定保险责任

经过整理分析已获取的查勘资料,包括查勘记录及附表、勘查照片、询问笔录、驾驶证照片、行驶证照片等,结合保险车辆的查勘信息、承保信息以及历史赔案信息,分别判断事故是否属于商业机动车辆保险和机动车交通事故责任强制保险的保险责任。经查勘人员核实属于保险责任范围的,应进一步确定被保险人在事故中所应承担的责任,有无向第三者追偿问题。同时还应注意了解保险车辆有无在其他公司重复保险的情况;对重复报案、无效报案、明显不属于保险责任的报案,应按不予立案或拒绝赔偿案件处理。

确定保险责任后,还需要初步确定事故损失金额,并估算保险损失金额。事故损失金额指事故涉及的全部损失金额,包括保险责任部分损失;保险损失金额指在事故损失金额基础上简单根据保险条款和被保险原则剔除非保险责任部分损失后的金额。

对不属于保险责任的,应对事故现场、车辆、涉及的第三者车辆、财产、伤亡情况进行认真地记录、取证、拍照等,以便作为拒赔材料存档,同时向被保险人递交拒赔通知书。

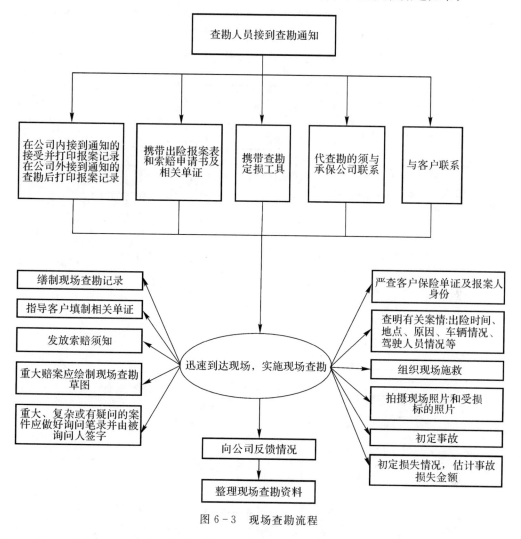

图6-3 现场查勘流程

6.4.4 立案

对在保险有效期内且属于保险责任的赔案,理赔人员应在现场查勘结束后的规定时间内,依据出险报案表和查勘记录中的有关内容以及初步确定的事故损失金额和保险损失金额,通过车险业务处理系统进行认真、准确、详实的立案登记,最后计算机自动生成立案编号。立案之后,管理部门可定期对赔案的处理过程、时限进行监控。

立案处理时限一般为简单案件应于查勘结束后24小时内立案;复杂案件最晚与接报案后7日内,进行立案或注销处理;对报案登记后超过规定时间未立案的案件,管理部门须给予处理;查勘所涉及的单证可在立案同时或之后收集。

6.4.5 定损核损

定损即确定事故损失,包括车辆损失、人身伤亡费用、其他财产损失、施救费用、残值处理等。核损是指由核报人员对保险事故中涉及的包括车辆损失和其他财产损失的定损情况进行复核,目的是提高定损质量,保证定损的准确性、标准性和统一性。定损核损的操作流程如图6-4所示。

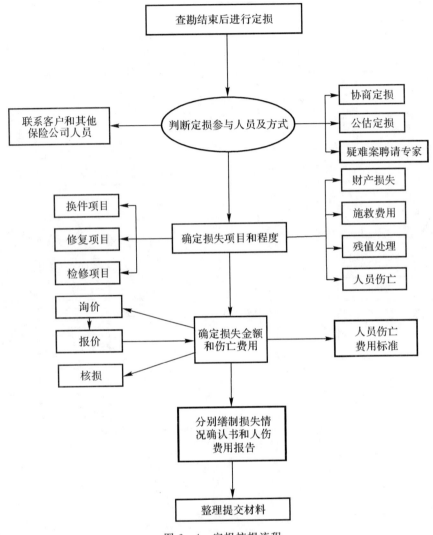

图 6-4 定损核损流程

6.4.6 赔款理算

理算是核赔的一个关键环节之一,指保险人在核赔过程中按照法律规定和保险合同的相关规定、根据保险事故的实际情况计算并确认理赔金额的一个过程。它作为理赔过程中最关键的环节,要维护保险公司的利益,同时也要兼顾被保险人的利益,做到公平、合法、实事求是,遵循保险利益原则、最大诚信原则以及补偿原则等基本原则。

6.4.7 核赔

理赔人员对保险赔案进行审核,确认赔案是否应该赔、应该怎样赔或应该怎样拒赔的业务行为。核赔是通过理赔过程中的定责、定损、理算等环节的审核和监控实现的。核赔管理是通过对上述过程中可能出现的偏差和风险,通过一定制度加以控制和防范,以便主动、迅速、准确、合理地处理赔案,充分发挥保险的补偿职能。它是保证保险人进行准确合理赔偿的关键环节,能有效控制理赔风险。

6.4.8 结案处理

赔案按分级权限审批后,业务人员根据核赔的审批金额,填发领取款通知书,被保险人领取赔款,结案处理财会部门支付赔款。被保险人领取赔款后,保险人要进行理赔案卷的整理。理赔案卷按分级审批的原则管理,结案处理并按档案管理规定进行保管。结案处理做到单证齐全,编排有序,目录清楚。理赔案卷须一单一卷整理、装订、登记、保管,结案处理并按赔案号顺序归档。

结案处理赔案卷内理赔材料装订顺序为赔偿收据,赔案赔偿审批表或垫付费用审核表,机动车辆保险出险信息表,机动车辆保险索赔申请书,重大赔案呈报表,结案处理查勘报告或公估报告,事故调查询问笔录,结案处理重大赔案调查报告,人伤案件调查报告,结案处理定损单或经核定的预算/造价单,死亡证明,结案处理户口注销证明或火化证明,死者或伤残者的家庭情况证明或被抚养人户口本复印件等,结案处理公安交通管理部门支付垫付通知书。

6.4.9 支付赔款

业务人员根据核赔的审批结果,通知被保险人凭借有效身份证明领取赔款人支付的赔款。对原保险人所处理的赔款,分保接受人应接受并受约束。这一点应在分保合同(或保单)中特别注明,否则分保接受人可不予接受,而且一般都不包括通融赔付。

6.4.10 其他追偿

对个别案件来说,可能保险事故是由第三者引起的,保险人向被保险人赔款后,可以获得向第三者进行追偿的权利,而被保险人应协助保险人追偿。

作业与思考

1. 利用关系图分析各项基本概念与各主体在保险案中的交互关系。
2. 利用结构图,准确表述我国机动车保险的基本种类和作用范围。
3. 不考虑险种差异,利用流程图描述保险处置流程。
4. 利用思维导图,制作各流程中工作内容和彼此间的衔接关系。

第 7 章　理算核赔与结案

学习重点
1. 掌握汽车保险理赔流程。
2. 掌握汽车保险费用计算方法。
3. 掌握汽车保险赔款理算。
4. 掌握汽车保险案结案与归档方法。

机动车保险的理赔是指被保险车辆在发生保险责任范围内的损失后,保险人依据保险合同对被保险人提出的索赔请求进行处理的行为。机动车保险理赔涉及保险合同双方的权利与义务的实现,是保险经营中的一项重要内容,保险人应谨慎处理保险理赔事宜。理赔服务是保险公司经营的最后一个环节,也是保护好保险消费者切身利益的重要环节。理赔效率的好坏,不仅影响保险公司整体的经营状况,也决定了保险公司在市场上的竞争能力。

7.1　理赔的意义、特点与原则

7.1.1　保险理赔的意义

理赔是保险人依据保险合同履行保险责任、被保险人享受权益的实现形式。保险理赔涉及投保人(被保险人)和保险人的各方利益,做好理赔工作对双方都有积极意义。

(1)保险理赔对投保人(被保险人)的意义

保险理赔对投保人(被保险人)来说能及时恢复其生产或安定其生活。因为机动车保险的基本功能是损失补偿,在被保险车辆发生事故后,被保险人就会因产生经济损失向保险人提出,保险人则根据合同对被保险人的损失予以补偿,从而提供对被保险人生产和生活的保障。

(2)保险理赔对保险人的意义

首先,车险理赔可以发现和检验承保业务质量。通过赔付额度或赔付率等指标,保险人可以发现保险费率、保险金额的确定是否合理,理赔防损工作是否有效,从而进一步改进保险企业的经营管理水平,以提高其经济效益。被保险人来自于各行各业,人数众多,是保险公司向社会各界宣传企业形象、推广公共关系的窗口。其次,提高保险公司知名度。机动车保险的被保险人涉及各行各业,人们以理赔作为保险产品的核心,服务质量是否令人满意,将直接影响保险公司在公众心目中的形象,进而影响他们是否愿意购买车险的意愿,该目的只有通过理赔才能实现。最后,可以识别保险欺诈。保险欺诈的最终目的是获取赔偿,这将给保险公司造成不必要的损失。理赔人员通过加强查勘、定损、核赔等,可有效识别保险欺诈,为保险公司挽回经济损失。

7.1.2 机动车保险理赔的特点

机动车保险与其他保险相比,理赔工作有其显著的特点。

(1)机动车流动性大

机动车经常处于移动状态,这就导致机动车发生事故的地点和时间具有不确定性,所以保险公司必须拥有一个全天候的报案受理机制和庞大多面高效的查勘定损网络来支持其理赔服务,能做到随时随地能接受报案,并予以及时处理。

(2)损失频率高且损失幅度较小

机动车出险频率较高,但一般每起事故损失金额是较小的。所以保险公司经营过程中需投入的精力和费用较大。另外,个案的赔偿金额虽然不大,但由于事故数最多,总赔款仍是巨额数字,积少成多也将对保险公司的经营产生不利影响。

(3)道德风险普遍欺诈现象严重

主要原因是机动车保险对象具有标的流动性强、保险信息不对称、保险条款不完善、相关法律环境不健全等特征,这给了许多不法之徒以可乘之机。近年来,机动车保险理赔工作难度逐渐加大,其主要原因是汽车设计、制造技术日趋成熟完善。加之,以电子技术为主的高新技术在汽车上的普及应用,使得现代汽车的结构更加合理,性能更加可靠,因车辆机械原因导致的交通事故比例呈下降趋势,而由人为因素引起的交通事故比例则迅速增加,但人为因素具有复杂难辨的特点。

(4)受制于维修企业的程度较大

由于机动车保险中对车辆损失的赔偿方式多以维修为主,所以维修企业在机动车保险的理赔中也扮演着重要角色。多数被保险人认为保险公司和维修企业间有相关协议,既然是保险公司"委托"维修企业对车辆维修,那么其必须负责相关事项。当双方一旦因修理价格、工期和质量等出现纠纷时,会将保险公司和维修企业一并指责,认为是保险公司的服务质量造成问题产生。事实上,保险公司只负责承担保险合同约定风险而导致的损失补偿,对事故车辆维修过程中产生的问题并无干预。

(5)被保险人的公众性

在我国机动车保险业务开展的初期,被保险人主要是企事业单位。随着私家车的增加,被保险人中私家车车主的比例在逐年增加。由于这些被保险人文化、知识、修养差异较大,他们对保险、交通事故处理、车辆修理等方面知识匮乏,使得他们购买保险具有较大的被动色彩。另外,利益驱动使得查勘定损及理赔计算人员在理赔过程中与其交流时存在较大障碍。所以要求保险人对每个案件都提供较高的服务质量,不仅是技术上的,甚至还包括条款解释、行为举止、其他方面的咨询等。这样,保险人才能做到既对每个案件准确定损、合理赔偿,又能向众多被保险人宣传公司、宣传产品、树立企业形象。

7.1.3 机动车保险理赔的原则

1)主动:主动热情受理案件;主动询问、调查、了解和查勘现场。
2)迅速:办得快、查得准、赔得及时。
3)准确:准确认定责任范围,准确运用免赔率,准确确定损余物残值,准确计算赔付金额。
4)合理:实事求是按条款办事,同时考虑实际情况,结合具体案情准确定性,合理确定事故责任,合理制定事故车辆的维修方案。

理赔工作的"八字原则"是"辩证统一,不可偏废"。如果片面追求速度,不深入调查了解,不对具体情况作具体分析,盲目下结论,或者计算不准确、草率处理,则可能会发生错案,甚至引起法律纠纷。当然,如果只追求准确、合理,忽视速度,不讲工作效率,赔案久拖不决,则可能造成极坏的社会影响,损害保险公司的形象。

7.2 理赔流程

(1)损失确定的程序

事故损失的确定,需按照条款规定,会同被保险人共同协商修复方式、修复价格,并取得双方共同认可。对认可后的结果,需缮制定损报告。定损报告由事故各方当事人共同签字确认;如果条件允许,参与事故处理的各保险公司理赔人员也应签字确认。其具体程序如下:

1)保险公司一般应指派两名定损员一起参与车辆定损,或直接委派公估机构定损。
2)根据现场查勘记录,认真检查受损车辆,弄清本次事故造成的损伤部位,并由此判断和确定可能间接引起其他部位的损伤。最后,确定出损失部位、损失项目、损失程度,并对损坏的零部件由表及里进行逐项登记,同时进行修复与更换的分类。修理项目需列各项目工时费,换件项目需明确零件价格,零件价格需通过询价、报价程序确定。
3)对更换的零部件属于本级公司询价、报价范围的,要将换件项目清单交报价员审核,报价员根据标准价或参考价核定所更换的配件价格;对属于上级规定的报价车型和询价范围的,应及时上报,向上级公司询价。上级公司对询价金额低于或等于自己报价的进行核准;对询价金额高于自己报价的,应重新报价。
4)根据对车辆损伤的鉴定和核价结果,确定事故车辆损失金额,然后送核损人员审核。
5)核损后,缮制损失情况确认书,双方签字,一式两份,保险人、被保险人各执一份。
6)对损失金额较大,双方协商难以定损的,或受损车辆技术要求高,定损人员由于不太熟悉该车型导致难以确定损失的,可聘请专家参与定损。
7)受损车辆原则上应一次定损。对大的车辆事故,一般需拆解定损。为此,各保险公司均规定了一些自己的协议拆解点。
8)定损完毕后,由被保险人自选修理厂或到保险人推荐修理厂修理。保险人推荐的协议修理厂一般不低于二级资质。被保险人自选修理厂的,车辆修复后,被保险人凭修理发票向保险人索赔。如果被保险人到保险人推荐的协议修理厂修理,一般协议修理厂都实行代垫付制度,由协议修理厂向保险人索赔,而被保险人只要将相关资料留给协议修理厂即可。

(2) 损失范围确认

1) 区分本次事故和非本次事故造成的损失,一般根据事故部位痕迹判断。本次事故碰撞部位一般有脱落的漆皮痕迹和新的金属刮痕;非本次事故碰撞部位一般有油污和锈迹。

2) 区分事故损失和机械损失。保险事故损失由保险人赔偿。保险人不赔偿机械损失,如制动失灵、机械故障、轮胎自身爆裂,以及零部件的锈蚀、老化、变形、开裂等。但若因机械损失导致事故并已构成碰撞、倾覆、爆炸等保险责任的,只对事故损失部分负责。

3) 区分因可保风险导致的事故损失和因产品质量或维修质量问题而引发的事故损失。碰撞、倾覆、坠落、火灾、爆炸、暴风、暴雨、雹灾、泥石流等可保风险造成的损失保险人赔偿,而由汽车或零配件的产品质量或维修质量引发的车辆损毁,应由生产厂家、配件供应厂家、汽车销售公司或汽车维修厂家负责赔偿。汽车质量是否合格,保险人可委托机动车辆的司法鉴定部门进行鉴定。

4) 区分过失行为引发的事故和故意行为引发的事故损失。过失行为是保险责任范围,故意行为属于不可保范围。损失鉴定时,可根据当事人、见证人的描述、事故车辆实际损失、事故痕迹、事故处理部门意见等信息综合判断。

5) 对没有投保新增设备损失险的车辆,应区分保险车辆标准配置和新增设备。

6) 保险赔偿只对车辆确定为事故损失的部位进行尽量修复。如被保险人或第三者提出扩大修理范围或应修理而要求变更的,超出部分的费用应由被保险人承担,并在合同中注明。

7) 受损车辆未经保险人同意而自行送修,造成事故损失范围模糊的,保险人有权重新核定修理费用或拒绝赔偿。重新核定时,应对照现场查勘记录,逐项核对修理费用,剔除扩大修理的费用或其他需剔除项目。

8) 对于更换零件的损失范围,应为换件价格扣除损坏件的残值。损坏件残值应合理作价,如果被保险人不愿接受,保险人应将残件收回。

(3) 损失确定原则

1) 修复为主原则:坚持尽量修复原则,不随意更换新的零部件;能局部修复的,不能扩大到整体修理。

2) 拆解定损原则:对损失较大或不经拆解不能确定损失的,拆解后再出具全部损失核定报告;需拆解定损的,全程跟踪车辆拆检,并记录换件项目,待检项目和修理项目。

3) 配件及工时定价原则:原则上按照车辆承修地购置其适用配件的最低价格为标准;涉及车辆安全、行驶、转向系统的配件,其价格可适当放宽;未约定"指定修理厂特约条款"的,原则上不适用 4S 店价格;2 年内新车,若客户强烈要求到 4S 店修理,可参照 4S 店协商价定损。

4) 重新核定原则:未经核赔,被保险人擅自修复的,保险人有权对损失重新核定,因被保险人原因导致损失无法确定的部分,不承担赔偿责任。

5) 增补定损原则:原则上采取一次定损。如在修复中发现需增加修理的,在修复或更换前,通知保险人进行二次定损;增补定损项目时,应注意区分零部件损坏是在拆检过程中、保管过程中、施救过程中发生,还是保险事故发生时造成的;修理时造成的损失扩大部分,不予做增项处理。

7.3 理算与赔偿计算

7.3.1 事故车辆修复费用组成

事故车辆的维修费用主要由三部分构成:工时费、材料费和其他费用。

(1)工时费

$$工时费 = 定额工时 \times 工时单价$$

其中,定额工时是指实际维修作业项目核定的结算工时数。工时单价是指在生产过程中,单位小时的收费标准。

工时费种类包括:事故相关部件拆装工时费;事故部分钣金修复工时费;事故部分配件修复工时费;事故相关的机修工时费;事故相关的电工工时费;事故部分喷烤漆工时费等。

(2)材料费

$$材料费 = 外购配件费(配件、漆料、油料等) + 自制配件费 + 辅助材料费$$

其中,外购配件费按实际购进的价格结算。漆料、油料费按实际消耗量计算,其价格按实际进价结算。自制配件费按实际制造成本结算。辅助材料费是指在维修过程中使用的辅助材料的费用,但是,在工时费计价标准中已经包含的辅助材料不得再次收取。

(3)其他费用

$$其他费用 = 外加工费 + 材料管理费$$

其中,外加工费是指在事故车辆维修过程中,由本厂以外协作方式由专业加工企业进行加工、维修而发生的费用,根据实际发生数额进行确定。材料管理费是指保险公司针对保险车辆发生保险责任事故时,保险人对维修企业因维修需更换的配件在采购过程中发生的采购、装卸、运输、保管、损耗等费用,以及维修企业应得的利润和出具发票应缴的税金而给出的综合性补偿费用,其收取标准按单件配件购进价格或根据购置地点的距离远近,然后综合考虑维修厂技术类别、专修车型等进行确定。

7.3.2 更换零配件的询报价

对需要更换的零配件应通过询报价后确定价格,且应符合市场情况,能让修理厂保质保量完成维修任务,即更换零配件的价格确定应做到"有价有市"。

汽车配件价格信息的准确度对降低赔款有着举足轻重的影响。由于零配件生产厂家众多,市场上不但有原厂或正规厂家生产的零配件,而且有许多小厂家生产的零配件,因此市场价格差异较大。另外,由于生产厂家的生产调整、市场供求变化、地域差别等多种原因也会造成零配件价格不稳定,处于波动状态,特别是进口汽车零部件缺乏统一的价格标准,其价格差异更大。随着我国零配件产业、物流产业、信息技术,以及终端市场的迅速发展,原有的很多问题将大大减少。在新形势下,零配件询价中常见问题及原则处理方式如下。

1)询价单中车型信息不准确或不齐全,甚至前后矛盾,造成无法核定车型,更无法确定配件,导致报价部门不能顺利报价。针对这种情况,一般要求准确填写标的车辆的详细信息。

2)配件名称不准确或特征描述不清楚。此时,一般要求选择准确的配件名称或规范术语,并在备注栏加以说明。对于重要或特殊配件,可查找实物编码或零件编码上传照片。

3)把总成与零部件混淆或有单个配件而报套件。此时零配件市场供应情况,当把握不住时,可向配件商咨询或上传照片。

4)对老旧,稀有车型的配件报价,应准确核对车型,积极寻找通用的替代件。

5)报价时效一般为3～7天,受市场规律影响,零配件的市场价格也是不断波动。

6)无现货而必须订货的,原则上按海运价报价,不能按空运价报价。

7.3.3 修复车辆的复检

对损失较大的事故车辆,修复完工后,可选择安排车辆进行复检,即对维修方案的落实情况,更换配件的品质和修理质量进行检验,以确保修理方案的实施,零配件修理、更换的真实性,防范道德风险的发生。

复检的结单应在定损单上注明。如发现未更换定损件或未按定损价格更换原厂件,应在定损单上扣除相应差价。

7.3.4 核损工作内容

1)根据抄单信息、在查勘录入信息、行驶证信息、受损车辆照片信息,了解受损车辆型号、规格、年款及车身构造的类型,比对上述四处提供信息是否一致。

2)通过抄单信息、报案信息、查勘情况说明,了解事故发生的时间、地点、原因及碰撞过程情况,确定保险责任范围。

3)翻看现场照片记录、损失照片痕迹记录,核对出险原因、经过及大概损失情况是否相符,有无扩大损失部分。

4)查看所有受损车辆照片,目测碰撞位置、碰撞方向,判断碰撞力大小、走向,初步确定事故损失范围,并估计可能存在的损伤。

5)沿着碰撞力传递路线系统地检查车辆配件的损伤,直到没有任何损伤痕迹的位置,以防遗漏间接损失。间接损失是由碰撞力的冲力沿着车身传输和惯性力的作用在车身其他部位引起的损坏。间接损失较难全面地确定和分析,但是,无论碰撞力来自哪个方向,都会使车架或车身变形。所以,核损人员在核损时必须设法找出各个部位变形的痕迹,并检查所有螺栓、垫片或其他紧固件有没有发生移动或离位,有没有露出未涂漆的金属面,内涂层有无开裂或出现裂纹等。同时,又要注意间接损失和非事故损失的区分。

6)观察里程表数和车内各种开关、设施及轮胎的磨损。

7)确定损伤是否限制在车身范围内,是否还包含功能部件、元件或隐藏件,根据碰撞力传导范围、损伤变形情况和配件拆出来后的损失照片,区分事故损伤与拆装损伤。

8)严格按拆装、钣金、机修、电工、喷漆分类确定修理项目和按碰撞线路和碰撞力传递线路确定换件项目,并及时记录照片中反映出的零配件型号、规格及零配件的编码。

9)根据型号、规格、年款及配件编码询价,根据维修当地工时核定工时费。

7.4 施救费用

7.4.1 施救费用总述

施救费用是指当保险标的遭遇保险责任范围内的灾害事故时,被保险人或其代理人、雇佣人员等为防止损失的扩大,采取措施抢救保险标的而支出的必要、合理的费用。必要、合理的费用是指施救行为支出的费用是直接的、必要的,并符合国家有关政策规定。

施救费用确定要严格依照条款规定,并按以下原则处理:
1)施救费用必须是抢救保险标的而支出的必要、合理的费用;否则,保险人不负责赔偿。
2)施救、保护费用与修理费用应分别理算。当施救、保护费用与修理费用相加,估计已达到或超过保险车辆的实际价值时,可按推定全损予以赔偿。
3)车损险施救费是单独的保险金额,但第三者责任险的施救费用不是一个单独的责任限额。第三者责任险的施救费用与第三者损失金额相加不得超过第三者责任险的责任限额。
4)施救费应根据事故责任、相对应险种的有关规定扣减相应的免赔率。
5)重大或特殊案件的施救费用,应委托专业施救单位出具相关方案及费用清单。
6)只对保险车辆的救护费用负责。保险车辆发生保险事故后,涉及两车以上应按责分摊施救费用。受损保险车辆与其所装货物(或其拖带其他保险公司承保的挂车)同时被施救,其救货(或救护其他保险公司承保的挂车)的费用应予剔除。如果它们之间的施救费用分不清楚,则应按保险车辆与货物(其他保险公司承保的挂车)的实际价值进行比例分摊赔偿。

7.4.2 常见施救费用

1)被保险人使用他人(非专业消防单位)的消防设备,施救保险车辆所消耗的费用及设备损失可以赔偿。
2)保险车辆出险后,雇用吊车和其他车辆进行抢救的费用,以及将出险车辆运送到修理厂的运输费用,在当地物价部门颁布的收费标准内负责赔偿。
3)在抢救过程中,因抢救而损坏他人的财产,如果应由被保险人承担赔偿责任的,可酌情予以赔偿。但在抢救时,抢救人员个人物品的丢失,不予赔偿。
4)抢救车辆在拖运受损保险车辆途中发生意外事故造成的损失和费用支出,如果车辆是被保险人自己或他人义务来抢救的,应予赔偿;如果该抢救车辆是有偿服务的,则不予赔偿。
5)保险车辆出险后,被保险人赶赴现场处理所支出的费用,不予负责。
6)保险车辆为进口车或特种车,发生保险责任范围的事故后,当地确实不能修理,经保险公司同意去外地修理移送费,可予负责,并在定损单上注明送修地点和金额。但护送车辆者的工资和差旅费,不予负责。

7.4.3 施救情况

1)事故车辆及其他财产需要施救的,应记录被施救财产的名称、数量、重量、价值、施救方式、施救路程。
2)被施救财产已经施救的,应在查勘记录中记录已发生的施救费用。

3) 保险标的与其他财产一同施救的,应与被保险人说明施救费的分摊原则并在查勘记录中注明。

4) 对于不合理的施救费用,保险人不予负责。

①对倾覆车辆吊装时未对车身合理保护,致车身漆层大面积损伤。

②对倾覆车辆在吊装过程中未合理固定,造成二次倾覆。

③在分解施救过程中拆卸不当,造成车辆零部件损坏或丢失。

④对拖移车辆未进行检查,造成拖移过程中车辆损坏扩大,如轮胎缺气或转向失灵硬拖硬磨造成轮胎的损坏。

7.4.4 损余物资的残值处理

损余物资是指机动车保险项下的保险标的或第三者车辆因遭受保险责任范围内损失而发生全部或部分损坏的损失物,在保险公司确定损失金额或维修方案后仍有一定价值的物资。

残值处理是指保险公司根据保险合同,履行赔偿义务并取得对受损标的所有权后,对尚存一部分经济价值的受损标的进行的处理。

车险的损余物资包括更换后仍具有价值的车辆部件、成套销售的零配件的未使用部分、推定全损车辆的未损坏部分、承保的本车车上货物及第三者的财产等。

按照保险合同规定,损余物资的处理需经双方协商,合理确定其剩余价值(残值)。残值确定后,一般采取折归被保险人并冲减损失金额的方式。当残值折归被保险人并冲减损失金额的处理方式与被保险人协商不成时,需将残值物品全部收回。

7.5 赔款理算

在赔偿程序上,交强险是第一顺序,商业机动车保险是第二顺序。因此,交强险的赔款理算将影响商业机动车保险的赔款理算。

7.5.1 交强险的赔款理算

(1) 交强险承担责任划分

交强险将被保险人在事故中承担的责任分为有责和无责两级。如果有责任,不管责任大小,其赔款在死亡伤残、无责任医疗费用、无责任财产损失三个赔偿限额进行计算赔偿。而商业险将被保险人在事故中的责任划分为全部主要责任、主要责任、同等责任、次要责任、无责任五个级别,所以交强险与商业险的担责划分不同。

(2) 交强险赔款计算

1) 基本计算公式:

总赔款＝分项损失赔款合计＝死亡伤残费用赔款＋医疗费用赔款＋财产损失赔款

各分项损失赔款＝各分项核定损失承担金额

即

死亡伤残费用赔款＝死亡伤残费用核定承担金额

医疗费用赔款＝医疗费用核定承担金额

财产损失赔款＝财产损失核定承担金额

各分项核定损失承担金额超过交强险各分项赔偿限额的,各分项损失赔款等于交强险各分项赔偿限额。

2)当保险事故涉及多个受害人时,基本计算公式中的相应项目表示为

$$各分项损失赔款＝受害人各分项核定损失承担金额合计$$

即

$$死亡伤残费用赔款＝受害人死亡伤残费用核定承担金额合计$$
$$医疗费用赔款＝受害人医疗费用核定承担金额合计$$
$$财产损失赔款＝受害财产损失核定承担金额合计$$

3)当保险事故涉及多辆肇事机动车时,各被保险机动车的保险人分别在各自的交强险各分项赔偿限额内,对受害人的分项损失计算赔偿。

各方机动车按其适用的交强险分项赔偿限额占总分项赔偿限额的比例,对受害人的各分项损失进行分摊。

$$某分项核定损失承担金额＝该分项损失金额\times(适用的交强险该分项赔偿限额/\sum各致害方交强险该分项赔偿限额)$$

注意:肇事机动车中的无责任车辆,不参与对其他无责车辆和车外财产损失的赔偿计算,仅参与对有责方车辆损失或车外人员伤亡损失的赔偿计算。无责方车辆对有责方车辆损失应承担的赔偿金额,由有责方在本方交强险无责任财产损失赔偿限额项下代赔。

初次计算后,如果有致害方交强险限额未赔足,同时有受害方损失没有得到充分补偿,则对受害方的损失在交强险剩余限额内再次进行分配,在交强险限额内补足。对于待分配的各项损失合计没有超过剩余赔偿限额的,按分配结果赔付各方;超过剩余赔偿限额的,则按每项分配金额占各项分配金额总和的比例,乘以剩余赔偿限额分摊;直至受损各方均得到足额赔偿或应赔付方交强险无剩余限额。

4)受害人财产损失需施救的,财产损失赔款与施救费累计不超过财产损失赔偿限额。

5)主车和挂车在连接使用时发生交通事故,主车与挂车的交强险保险人分别在各自责任限额内承担赔偿责任。若交通管理部门未确定主车、挂车应承担的赔偿责任,主车、挂车的保险人对各受害人的各分项损失平均分摊,并在对应的分项赔偿限额内计算赔偿。主车与挂车由不同被保险人投保的,在连接使用时发生交通事故,按互为第三者的原则处理。

6)对被保险人依照法院判决或者调解承担的精神损害抚慰金,原则上在其他赔偿项目足额赔偿后,在死亡伤残赔偿限额内赔偿。

7.5.2 商业保险的赔款理算

商业保险赔款计算时,按照条款要求应先扣除事故当事双方保险公司赔付的交强险赔款,然后在商业险项下进行赔偿。

(1)第三者责任险的赔款计算

第三者责任险中被保险人按事故责任比例应承担赔偿金额＝

(第三者人伤总损失＋第三者财产总损失＋第三者车总损失－

本车交强险赔偿金额－其他交强险赔偿金额－残值)×事故责任比例

当应当承担的赔偿金额高于责任限额时:

$$赔款＝责任限额\times(1－免赔率之和)$$

当应承担的赔偿金额低于或等于责任限额时：
$$赔款＝应承担的赔偿金额×(1-免赔率之和)$$

(2) 挂车的赔款计算(同第三者责任险的赔款计算)

主车与挂车连接时发生保险事故，在主车的责任限额内承担赔偿责任。主车与挂车由不同保险公司承保的，按主车、挂车责任限额占总责任限额的比例分摊赔款，具体计算如下：

$$主车应承担的赔款＝总赔款×[主车责任限额÷(主车实责任限额＋挂车责任限额)]$$
$$挂车应承担的赔款＝总赔款×[挂车责任限额÷(主车实责任限额＋挂车责任限额)]$$

挂车只投保了交强险的，不参与分摊在第三者责任险项下应承担的赔偿金额。

挂车未与主车连接时发生保险事故，保险人在挂车的责任限额内承担赔偿责任。

(3) 车辆损失险的赔款计算

1) 全部损失：
$$赔款＝(出险时保险车辆的实际价值或保险金额-交强险赔偿金额-残值)×事故责任比例×(1-免赔率之和)$$

2) 部分损失：
$$赔款＝(实际修复费用-交强险赔偿金额-残值)×(保险金额÷投保时新车购置价)]×事故责任比例×(1-免赔率之和)$$

3) 施救费：施救费在保险车辆损失赔偿金额以外另行计算，最高不超过保险金额。
$$赔款＝(实际施救费用-交强险赔偿金额)×(保险车辆出险时实际价值÷施救财产总价值)×(保险金额÷新车购置价)×事故责任比例×(1-免赔率之和)$$

(4) 车上人员责任险的赔款计算

车上人员的伤亡赔款首先应减去其他车辆交强险对该车上人员应赔偿部分，然后计算被保险人按事故责任比例对每座车上人员伤亡应承担的赔偿金额，最后比较应承担的赔偿金额与保险合同载明的每人责任限额大小。

1) 如果应承担的赔偿金额小于或等于责任限额：
$$每人赔款＝应承担的赔偿金额×(1-免赔率之和)$$

2) 如果应承担的赔偿金额大于责任限额：
$$每人赔款＝责任限额×(1-免赔率之和)$$
$$车上人员责任险总额＝\sum 每人赔款$$

赔款人数以投保座位数为限。

7.5.3 盗抢险的赔款计算

(1) 全部损失

出险时被保险车辆实际价值小于保险金额的：
$$赔款＝赔款时实际价值×(1-免赔率之和)$$

出险时被保险车辆实际价值大于或等于保险金额的：
$$赔款＝保险金额×(1-免赔率之和)$$
$$出险时实际价值＝出险时新车购置价×(1-月折旧率×已使用月份)$$

(2) 部分损失

$$赔款 = 实际修理费用 - 残值$$

实际修理费用不超过保险车辆出险时的实际价值;赔偿金额不超过被保险车辆出险时的保险金额。

7.5.4 玻璃单独破碎的赔款计算

$$赔款 = 实际发生的修理费用$$

7.5.5 自燃损失险的赔款计算

(1)全部损失
出险时被保险车辆实际价值小于保险金额的:

$$赔款 = (出险时实际价值 - 残值) \times (1 - 免赔率)$$

(出险时实际价值-残值)大于或等于保险金额的:

$$赔款 = 保险金额 \times (1 - 免赔率)$$

$$出险时实际价值 = 出险时的新车购置价 \times (1 - 月折旧率 \times 已使用月份)$$

(2)部分损失

$$赔款 = (实际修理费用 - 残值) \times (1 - 免赔率)$$

(3)施救费用

$$赔款 = 实际施救费用 \times (保险财产价值 \div 实际施救财产总价值) \times (1 - 免赔率)$$

以不超过保险金额为限。

7.5.6 车身划痕损失险的赔款计算

$$赔款 = 实际发生的修理费用 \times (1 - 免赔率)$$

在保险期内,赔款金额累计计算,当达到保险金额时,保险责任终止。

7.5.7 可选免赔额特约条款的赔款计算

$$赔款 = 按车辆损失险计算的赔款 - 选定的免赔额$$

7.5.8 新增设备损失险的赔款计算

$$赔款 = (核定修理费用 - 交强险赔偿金额 - 残值) \times 事故责任比例 \times (1 - 免赔率)$$

1)"核定修理费用"大于或等于出险时被保险机动车辆所保新增设备实际价值的:

$$赔款 = (出险时实际价值 - 交强险赔偿金额 - 残值) \times 事故责任比例 \times (1 - 免赔率)$$

2)"(核定修理费用-交强险赔偿金额-残值)×事故责任比例"大于或等于被保险机动车所保新增设备保险金额的:

$$赔款 = 保险金额 \times (1 - 免赔率)$$

3)新增设备出险时实际价值是指新增设备的购置价减去折旧后的金额,新增设备的折旧率以本条款所对应的主险条款规定为准。

7.5.9 发动机特别损失险的赔款计算

$$赔款 = (核定发动机修理费用 - 残值) \times$$

$$(保险金额÷投保时保险车辆的新车购置价)×(1-免赔率)$$

1)(核定发动机修理费用+车辆其他部分核定修理费用)应小于或等于被保险机动车出险时的实际价值。

2)对发动机和车辆其他部分损失的赔款金额与免赔额之和不应超过被保险机动车保险金额。

$$施救费用=核定施救费用×(被保险车辆价值÷实际被施救财产总价值)×(1-免赔率)$$

以不超过保险金额为限。

7.5.10 车上货物责任险的赔款计算

$$赔款=(实际财产损失+施救费-残值-交强险对车上货物赔款)× \\ 事故责任比例×(1-免赔率)$$

"(实际财产损失+施救费-残值-交强险对车上货物赔款)×事故责任比例"大于或等于保险金额的：

$$赔款=保险金额×(1-免赔率)$$

7.5.11 交通事故精神损害赔偿责任险的赔款计算

$$赔款=(赔偿限额或被保险人应承担赔偿金额)×(1-免赔率)$$

被保险人应承担赔偿金额=法院判决或经保险人同意应由被保险人承担的精神损害赔偿金-交强险赔偿金额

7.5.12 不计免赔率特约条款的赔款计算

$$赔款=一次赔款中已承保且出险的各险种中按约定的免赔率 \\ 计算的且应当由被保险人自行承担的免赔额之和$$

7.6 缮制赔款计算书

业务人员对有关单证进行清理，并列出清单录入计算机中，自动生成赔款计算书。

赔款计算书各项目要齐全，数字要正确，损失计算要分险种、分项目计算并列明计算公式，并应注意免赔率的正确使用。

业务负责人审核无误后，在赔款计算书上签注意见和日期，送核赔人审核。

7.7 核 赔

核赔是对整个赔案处理过程所进行的控制，是保险公司控制业务风险的最后关口。其流程如图7-1所示。

7.7.1 审核单证

1)确认被保险人提供的单证、证明及相关材料是否齐全有效，有无涂改、伪造。

2)经办人员是否规范填写有关单证并签字,必备的单证是否齐全等。
3)相关签章是否齐全。
4)所有索赔单证是否严格按照单证填写规范认真、准确、全面填写。

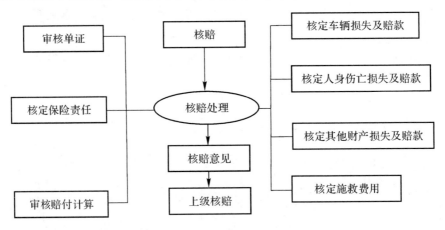

图 7-1 核赔主要内容

7.7.2 核定保险责任

1)被保险人是否具有保险利益。
2)出险车辆厂牌型号、牌照号码、发动机号、车架号、VIN 码与保险单证是否相符。
3)驾驶人是否为保险合同约定的驾驶人。
4)出险原因是否为保险责任。赔偿责任是否与保险相符。
5)出险日期是否在保险期限内。
6)事故责任划分是否准确合理。

7.7.3 核定车辆损失及赔款

1)车辆损失项目、损失程度是否准确合理。
2)更换的零部件是否按照规定进行了询报价,定损项目与报价项目是否一致。
3)换件部分拟赔款金额是否与报价金额相符。
4)残值确定是否合理。

7.7.4 核定人身伤亡损失及赔款

1)根据现场在的记录,调查证明和被保险人提供的"事故认定书""事故调解书"和伤残证明等材料,按照相关规定审核。
2)核定伤亡人员数、伤残程度是否与调查情况和证明相符。
3)核定人员伤亡费用是否合理。
4)被抚养人口,年龄是否属实,生活费计算是否合理、准确。

7.7.5 核定其他财产损失及赔款

根据照片和被保险人提供的有关货物、财产的原始发票等有关单证,核定其他财产损失和损失物资处理等有关项目是否合理。

7.7.6 核定施救费用

根据案情和施救费用的有关规定,对涉及施救费用的有关单证和赔付金额进行审核。

7.7.7 审核赔付计算

1) 残值是否扣除。
2) 免赔率使用是否正确。
3) 赔付计算是否准确。

7.8 结案处理

赔案按分级权限审批后,业务人员根据核售的审批金额,填发领取到款通知书,然后通知被保险人领取赔款、财会部门支付赔款。

被保险人领取赔款后,保险人要进行理赔案卷的整理。理赔案卷按分级审批,集中留存的原则管理,并按档案管理规定进行保管,做到单证齐全、编排有序、目录清楚、装订整齐。理赔案卷须一单一卷整理、装订、登记、保管,并按赔案号顺序归档。

作业与思考

1. 解析各种费用产生的演化关系,形成理算结构图。
2. 列出对比关系表,明确各类费用的计算方法,对比出各种不同情况下的差异。
3. 利用计算机编程语言编制程序或办公软件,编制费用自动计算工具。
4. 核赔及凭证的整理与归档中,以信息检索技术中的原理为本,进行档案编码与归档。

第 8 章　汽车保险欺诈及其鉴别

学习重点
1. 掌握汽车保险欺诈的常见形式。
2. 重点掌握汽车保险欺诈的识别方法。
3. 掌握汽车保险欺诈中可运用的法律手段。

所谓欺诈,是指以使人发生错误认识为目的的故意行为。近年来,随着国民经济高速发展和汽车保有量增加,汽车保险得到了大的发展。但在这个过程中,也存在一些问题,如赔付率过高、保险欺诈较多等。据统计,汽车保险欺诈金额占理赔总额的20%~30%。过高的欺诈金额会直接导致赔付率过高,间接导致汽车保费的提高。因此,汽车保险欺诈对保险公司的经营效益和广大投保人购买保险的支出都会造成较大影响。因此,保险欺诈已成为财产保险业一个巨大的"黑洞"。

8.1　汽车保险欺诈的概念与成因

8.1.1　汽车保险欺诈的概念

汽车保险欺诈是指投保人、被保险人不遵守诚信原则,故意隐瞒有关保险车辆的真实情况,或歪曲、掩盖真实情况,夸大损失程度,或故意制造、捏造保险事故造成保险标的损害,以谋取保险赔偿金的行为。与其他保险诈骗类型相比,汽车保险欺诈具有"金额小、次数多、发现难"的特征。

8.1.2　汽车保险欺诈的成因

汽车保险欺诈往往具有很大的隐蔽性,其形成原因也相当复杂,有社会的、个人道德方面的,也有保险条款、公司运作与监管方面的。

（1）社会原因

个别投保人对保险了解不是太多,法治观念淡漠,根本不认为保险欺诈是一种犯罪行为,甚至认为是一种正常取回所交保费的手段,即使被保险公司识破,也是一种可以原谅的过错,对其社会声誉基本没有什么损害。因此,当同事、朋友和亲属请求他们帮忙欺骗保险公司时,他们往往会自愿提供帮助,为欺诈行为提供伪证。这种行为对保险欺诈起到了推波助澜的作用。失去了公众监督和有效道德谴责,致使欺诈者在实施欺诈时往往有恃无恐。不少恶意骗保者得逞后,保险公司很难再找到他。而在一个信用社会,骗保行为一经确认,当事人的信用就会有不良记录,从而遏制了保险欺诈的发生。

(2) 投保人原因

汽车保险之所以吸引欺诈者的眼光,是因为合同规定:在不发生保险事故时,保险公司只管收取保险费而没有赔偿义务;当发生保险事故时,保险人须偿付比保险费高得多的费用给投保人。这样,在高额赔偿的诱惑下,某些缺乏道德以及因种种原因需要解脱困境的人把欺诈行为转移到了汽车保险行业,铤而走险获取额外利益。

1) 有些投保人企图通过参加汽车保险,以支付保险费的较小代价,获取高额赔偿,实现发财目的。这类投保人的投保动机和欺诈动机一致,即从投保时起,就蓄意欺诈,保险合同成立后,就积极谋划欺诈行为。

2) 有些投保人原来并没有利用汽车保险进行欺诈的念头,只是由于某种偶然因素的诱发,比如他人提醒,才产生了欺诈念头,所以这类投保人若无偶然因素干扰,保险欺诈行为不会产生。

3) 有些投保人对车险缺少正确认识,认为交付保费后,如果没有发生保险事故,就等于白花钱,必须想方设法从保险公司把保险金要回来,于是,欺诈就成了他们最好的选择。

(3) 保险公司原因

1) 对如何有效防止保险诈骗重视不够,目前还没有几个公司专门成立反欺诈组织。

2) 承保程序不科学。承保时,多数保险公司的"验车承保"环节做得不到位,使得一些存在明显缺陷的汽车能够顺利实现高额投保。

3) 理赔程序不科学。如发生事故后,保险公司不派人去现场查勘,而是等车辆修好后,凭发票记载的金额予以赔付。再如确定赔付金额时,保险公司往往以有关单位的证明作为唯一依据,而有些证明可能与事实不符。所以,不科学的理赔程序客观上为保险欺诈开了方便之门。

4) 保险公司对某些识破了的欺诈行为处理太宽松,大多仅满足于追回被骗保险金或不承担赔偿责任,而不愿追究他们相关的法律责任,从而导致保险欺诈行为的进一步发生。

5) 理赔人员素质偏低,把握不住理赔关,给欺诈者以可乘之机,甚至有些理赔人员经不住金钱诱惑,同欺诈者内外勾结,共同骗取保险金。

6) 保险业信息交流不畅。很多保险公司视对方为竞争对手,很少互通骗保情况,这就使得居心不良的欺诈者屡屡得逞。一些保险公司被诈骗后,为顾及自己的信誉和影响,采取不张扬的做法,使保险欺诈者更有恃无恐。

8.2 汽车保险欺诈的常见表现形式及特征

8.2.1 保险与事故顺序倒置

这是指汽车出险时尚未投保,出险后才投保,然后伪装成合同期内出险,达到骗取汽车保险赔款的目的。

实施先险后保策略时,一般采用伪造出险日期或保险日期的手法:伪造出险日期时,一般通过关系,由有关单位出具假证明,或伪造、编造事故证明,待投保后方按正常程序向保险人报案索赔。这类案件保险人即使去现场复勘,若不深入调查了解也很难察觉;伪造保险日期时,一般是串通保险签单人员,内外勾结,利用"倒签单"手法,将起保日期提前,瞒天过海,浑水摸鱼。有的车辆在到期脱保后要求保险人按上年保单终止日续保也属此类。无论采取何种手段,先险后保件有个明显特点,即投保时间与报案时间很接近,因此,对两个时间比较接近的案件务必严查。

8.2.2 制造假事故

这是指本来没有出现事故,投保人或被保险人却无中生有,谎称发生了事故,向保险公司提出索赔的行为。

例如,被保险人通过"制造"虚假事故,更换车辆报废零部件,单方事故后再伪造双方事故,本不属保险范围、事后制造事故骗取保险金,等等。在这种情况下,投保人往往采取唆使、收买他人提供虚假证明、资料或其他证据,或伪造、变造修理发票、伪造证明、私刻公章、篡改事故责任认定书等。

8.2.3 一案多报不法索赔

这是汽车保险理赔中最常见、最普遍的现象。常见的一险多赔诈骗案有以下三种类型:

1)一次事故向多个保险人索赔,这是指投保人就同一保险标的、同一保险利益,同一保险责任分别向两个或两个以上保险公司订立保险合同的一种险。投保人向多家公司购买保险,但并不将该情况通知各保险公司。发生事故后,持各公司的保险单分别索赔,以获取多重保险赔款。由于重复保险多是蓄谋已久,且隐蔽性极高,再加上各保险公司之间信息不交流,所以欺诈成功率较高。

2)一次事故多险索赔。如车辆造成货损后,投保人可在车上货物责任险和货物运输险项下同时索赔。因保险公司内部横向信息沟通不畅,投保人往往会轻而易举地索赔成功。

3)在一次事故中,先由事故责任者给予赔偿,然后再向保险公司索赔。这种诈骗案,数额一般不大,但在日常生活中却最常见。出险原因都是被别人追尾或被别人撞后,第三方负事故责任,在第三方已给予赔偿的情况下,再到保险公司谎称自己倒车所撞进行骗保。所以对单方事故,尤其对车辆尾部损坏的单方事故进行现场查勘时要特别注意。

8.2.4 移花接木制造假证

通过"移花接木"方式造假的行为,主要包括"换人、换车、换件、换货"四种方式。
1)无证或酒后驾车,事故发生后,找人顶替驾驶人。
2)将已经定损、索赔了的车换上另外的牌照后,再次索赔。
3)将正常维修的车辆换上损坏了的旧件,假冒原车件索赔。
4)在事故现场,将原本没有损坏的车载或地面物品更换成为损坏的物品。

8.2.5 夸大损失高额索赔

这是指出险汽车损失很小,被保险人却故意增大损失程度或损失项目,以小骗大,骗取赔款。例如,被保险人将事故车上未损坏零部件用损坏零部件进行替换后再向保险公司报案。目前的一些汽车修理企业,为拉拢客户,有时会帮着客户进行欺诈骗赔。修理企业中与事故车同类型车辆的损坏零配件比较多,再加上专业人员的"参与帮忙",所以此类案件识别较难,这就要求车辆定损人员具有较强的专业知识和丰富的理赔经验。

8.2.6 二次事故扩大损失

这是指保险事故发生后,汽车修理厂或个别保户为获高额赔偿,故意扩大损失程度。

(1)保户扩大损失的原因

1)碰撞程度偏轻,不值得索赔,车主自行决定或修理厂建议二次碰撞。

2)以前出现过不属于索赔范围的损伤。但与本次事故损失无法连成一体,车主自主或修理厂建议通过加大损失,使其连成一体。

3)事故发生后,双方已私了。无责方拿到赔款后不想出钱修车,通过再碰撞制造假现场,一同修好已经获赔了的损失。

(2)修理厂骗保主要手法

1)通过将客户前来维修的车辆再次撞击,扩大损失,以便多评估车辆损失。

2)拆下没有受损的零部件,更换上损坏了的零部件,要求定损。

3)保养或小修的事故,不法经营业户设法留下车主的身份证、行驶证、保险单等,等车主走后,将车再次碰撞,扩大损失。

4)车主与汽车修理厂联手,共同扩大事故损失,双方得益。

8.2.7 故意造案骗取赔款

这是指故意出险,造成损失,骗取赔款的行为。常见的有以下三种类型:

1)汽车趋于报废,价值较低而车辆损失保险的保额又较高。在被保险人期望获取高额赔款的欲望驱动下,故意造成汽车出险。如价值3万元的旧车以10万元投保,然后在偏僻地区将车推下山坡等。这类案件往往具有出险时间、地点精心选择的特点,所以辨识难度较大,有时尽管会怀疑它可能是骗案,但却很难找到证据。

2)由于保险条款将某些特定损坏规定为责任免除,被保险人为获取赔款故意造成保险责任范围内的事故,把不应赔偿的变成应赔偿的。如停放家属院中的汽车左侧前灯罩出现不明原因损坏,保险公司是不予赔偿的,于是驾驶人故意撞墙,导致保险杠左侧、前照灯、角灯等一起损坏,报案谎称自己是不小心撞上的,保险公司如不能识别其诈骗企图,则很容易从车辆损失险中给予赔偿。

3)汽车修理厂利用客户前来维修的汽车,故意制造保险"责任"事故,造成标的车的损失,谋求保险公司的赔款。

8.2.8 编造理由冒名索赔

这是指事故发生后,或者属于保险合同的免责范围,或者需要自己承担较高免赔比例,于是,被保险人就想方设法编造事故原因、隐瞒事故真相,以此来欺骗交警和查勘人员,以便改换成有资格的理由骗取保险公司赔款。

为达此目的,被保险人往往采用骗取警方事故证明或篡改事故责任认定书,或伪造事故责任认定书等手段。

8.3 汽车保险欺诈的识别

保险诈骗是行为人故意实施的违法犯罪行为,此类案件大都有预谋和策划,隐蔽性较强,查处这类案件的管辖权属于公安机关,不属于保险公司。

为了有效打击保险诈骗活动,保险人应该配合公安机关做好相关工作。

8.3.1 及时查勘现场

在事故发生的现场,往往遗留有各种痕迹,记载着大量能够真实反映事故发生、发展过程的信息,但这些痕迹和物证极易受到自然或人为的破坏,必须及时取证。

接到客户的报案后,查勘人员应该及时赶赴到事故现场,掌握一切记录现场原始情况的资料,包括现场痕迹物证、访问笔录、影视资料、损失清单等,这些资料将对揭露诈骗行为起到证明作用。

8.3.2 认真调查事故经过

一方面,查勘人员应围绕出险事故,向投保人、被保险人、受益人及目击者调查,对事故发生经过、原因、损失情况及保户经营状况、个人品行、近期异常表现、保险标的状况等与事故有关情况详细询问,并做好调查记录。

另一方面,还应与负责事故处理或鉴定的有关部门密切配合,及时了解事故处理情况,提出涉嫌诈骗的疑点,争取公安部门的支持,围绕着揭露诈骗行为进行调查取证。

8.3.3 综合分析

(1)分析投保动机

对于超额投保案件,认真核实标的实际价值,凡采用纵火、盗车等手段造成标的全损的案件,绝大多数都进行了超额投保。其投保的动机就是以损失价值较小的标的换取高额的保险赔款。

对于多次拒绝投保而后又主动上门投保的案件,应重点分析其投保动机,这类案件,大多是先出险后投保,或是风险即将发生,临危投保,转嫁损失。

(2)将有关时间联系起来分析

分析投保时间、出险时间、报案时间这三个时间之间的内在联系。凡有预谋的诈骗案件,在几个关键时间上总有一些特殊联系。一般来说,投保时间与出险时间间隔越短、出险时间与保单责任终止时间相隔越近、出险时间与报案时间间隔越长的案件,应特别警惕,仔细分析原因,发现疑点,迅速查证。

(3)将现场痕迹物证及有关证据结合起来分析

查勘人员到达事故现场后,可以将现场痕迹物证与保单、原有记账凭证对比,分析现场标的物及损失数目与书证记载是否相符;将现场痕迹物证与有关证据对比。

通过分析证据与事实、证据与证据之间的相互关系,识破诈骗者惯用的伪造、变造有关证明材料的伎俩。

8.4 出险现场常见现象及询问要点

道路交通事故千差万别,形式和痕迹形态存在较大差异,而交通环境是一种随时变化的动态环境,导致现场完全保持原状的可能性大大降低,且在事故发生过程中,涉及驾驶人、车辆、道路、环境和其他交通参与者等多个方面,也造成事故完全还原存在困难。但事故的真相只有一个,在多个证据中彼此能够互证才能够推断事故成因。当不同证据之间存在冲突或者矛盾时,也就是欺诈可能存在的空间。但由于事故演变具有客观规律性,所以在进行保险欺诈时,必然容易存在矛盾和冲突。出险现场常见现象及询问要点见表 8-1。

表 8-1 部分容易造假的出险现场现象及询问要点

内 容	现场常见现象	现场询问要点
无证或年审过期后驾车出险现场	驾驶人情绪紧张 驾驶人谎称没带驾驶证;事故现场比较异常 驾驶证上没有当年年审记录	你有无驾驶证? 你的驾驶证的准驾车型是什么? 你何时考的驾驶证?在哪里考的证?驾驶证有无年份?为何没有年审?
酒后驾车出险现场的询问	车辆经常占道、逆向行驶或在道路上不规则行驶等;事故现象以追尾碰撞居多,碰撞护栏和路边固定物体的单方事故也时有发生; 道路现场留下的制动拖印较短或根本没有制动拖印; 车辆损害程度较重;驾驶人呈现出饮酒后的特征;驾驶人及前排乘员常见伤亡	请你陈述一下事故发生的详细经过,好吗? 你认为是什么原因造成了本次事故的发生? 发生事故时这辆车在执行什么样的具体任务? 这辆车是何时从何地出发的? 这辆车要到哪里去啊? 发生事故前你们是否用过餐?你们是在哪用的餐?用餐时,共有几个人?你们吃了什么饭菜?是否饮酒?哪几个人喝酒了? 你认识被保险人×××吗? 你与被保险人是什么关系?(如属借车,则要了解清楚借车的详细经过)
不是被保险人允许的驾驶人驾车出险现场	驾驶人对车主及被保险人的情况不太了解,可能刻意隐瞒车的来历; 驾驶人驾车,驾驶人可能隐瞒驾车执行出险的现场; 驾驶人可能隐瞒发生事故以及造成损失的现场	这辆车的车主是谁?被保险人是谁?今天为何由你驾驶?你的名字?你与车主是何关系?他住哪里?房子布局什么样?配偶、孩子叫什么名字?你与被保险人是何关系?他住哪里?房子布局什么样?配偶、孩子叫什么名字? 被保险人知不知道你驾驶这辆车?他现在在哪里? 你驾驶这辆车是否经过了车主的同意?他是在哪里同意的?他是何时同意的?他是以什么方式同意的? 你驾驶这辆车发生事故时在执行什么任务?

续表

内　容	现场常见现象	现场询问要点
顶替肇事驾驶人承担责任的现场	事故多为酒后驾车或无证驾驶所引发； 事故现场与酒后、无证驾驶所引发的事故特点极其相似； 驾驶人不能清楚说明汽车的行驶路线，不能清楚描述事故经过； 驾驶人对车主情况、被保险人情况、车内物体存放、车上乘客乘坐位置不太清楚	事故发生时，你驾车执行什么任务？ 这辆车是一辆什么型号的车辆？车况如何？ 这辆车最近是否进行过维修？这辆车最近是否办理过年检？ 这辆车是何时购买的保险？都买了哪些险种？ 这辆车的车主是谁？被保险人是谁？你与车主是何种关系？ 你认识被保险人吗？你与他是何种关系？这辆车今天为何由你驾驶？ 你驾驶这辆车多长时间了？平时这辆车由谁驾驶？ 请你说一下事故发生的详细经过。（何时从何地到哪里？干何事？车上坐了几个人？车上坐的都是什么人？他们分别坐在哪个位置？车速及车辆损失情况等）
未经检验合格的车辆出险现场	出险车为老款车型； 外地车较多； 行驶证上没有当年年检记录，或年检记录为私自刻章盖制的	你驾驶这辆车多久了？这辆车最近维修保养过吗？这辆车每年都是何时进行年检？ 这辆车今年是否到车辆检测部门进行过例行检测？哪天去的？ 这辆车今年是否到车管所进行过年检？哪天去的？发生事故前，你感觉这辆车的车况如何？
违反装载规定车辆出险现场	标的车多为大型拖车、长途货运车及面包车、小型客运车等，在客运高峰期大型客车也常见超载现象； 现场留下的制动拖印明显，长而且宽； 事故车车身下沉，轮毂发热，转向系统及制动系统可能出现故障； 货车运载着质量较重或体积宽大的货物； 客运车辆出险现场常见伤亡现象，在现场的乘客会较多	对驾货车超载驾驶人的询问： 发生事故时，标的车在执行什么任务？ 谁派你去执行这次任务的？车上装载的是什么货物？货主是谁？ 车上装载的货物用什么包装的？是谁装的货？装货时你在场吗？ 这辆车是何时、何地装货启运的？目的地是哪里？ 货物总共有多少件？每件多重？（便于计算总重）

续表

内　容	现场常见现象	现场询问要点
违反装载规定车辆出险现场		你驾驶的汽车,车上除所运货物外,还载运了几个人?(如果是货车载客,则要问清楚乘车人的姓名、身份、地址等;如果有人货混装现象,则要问明货物及乘车的人员数量、姓名等) 请将该批货物的清单和运货凭证提供给我们(假如对方拒绝,则要强调这对理赔非常重要,必须提供的),好吗?你认识被保险人×××吗?你与他是何种关系? 　　对驾客车超载驾驶人的询问: 　　发生事故时标的车在执行什么任务? 　　这辆车何时、何地出发?到哪里去?是谁派你去执行这次任务的?车上坐的什么人?(如超员,要问清楚乘车人姓名、身份、地址等)他们与你分别是什么关系?他们都是在哪里上的车? 　　车上有多少乘客?分别坐哪个位置?请在图上标示出他们的座位。 　　你认识被保险人×××吗?你与他是何种关系?
改变使用性质的车辆出险现场	标的车多为货车、面包车等小型民用车; 　客车载货,通常座位已被拆除; 　驾驶人多为个体运载人员或外地人员; 　驾驶人对乘客的基本情况,姓名等不太了解	A. 载货汽车 　　发生事故时,你驾车在执行什么任务?是谁派你执行该项任务的?汽车运载的是什么货物?货主是谁?你和货主是什么关系?这批货是何时,何地装车?目的地是哪里? 　　运输这批货物,可以收取多少运费?通过什么方式来收取运费? 　　B. 载人汽车 　　发生事故时,你驾车执行什么任务?是谁派你执行该项任务的?车上坐的什么人?共有几人?车上乘客与你分别是什么关系?车上的乘客是何时间地上的车?目的地是哪里? 　　他们坐车,需交纳多少车费?已经交费了吗?你认识被保险人×××吗?你与他是什么关系?

续表

内　容	现场常见现象	现场询问要点
人为故意制造假事故的现场	多为老款残旧或损坏严重车型、进口车型、高档车型；多为深夜和凌晨发生事故；多为在偏僻少人处发生事故，事故现场附近停有无关车辆； 　驾驶人多为有多年驾龄；驾驶人故意表现出急躁情绪，对事故经过很难描述清楚或虚构情节； 　事故中很少有人员受伤，事故双方相互揽责或推脱责任； 　事故道路上很少有制动拖印，地上车身的残片往往不能拼凑成型，离碰撞部位较远处也有损伤，车身上往往有旧痕迹和锈迹，或有现场不存在的漆印； 　车损部位和痕迹不吻合，气囊爆裂但无异味，接头异常； 　关键零部件有缺失现象； 　一般有不止一处的碰撞损伤，损伤无法在机理上解释与本次事故的关系； 　如果是火灾事故，存在不符合燃烧规律的现象	驾驶人的身份(驾驶证、身份证、行驶证)？ 车主及被保险人的姓名等自然情况？ 你与车主×××是何种关系？ 你与被保险人×××是何种关系？ 这辆车是何时买的？多少钱买的？ 这辆车是何时买的保险？买的什么险种？ 这辆车今天为何由你驾驶？你是何时自何地启程的？ 你要驾车去哪里？ 你这次驾车执行什么任务？ 事故发生时，车上坐了几个人？分别是谁？ 事故发生前，车速是多少？是什么原因导致了这次事故的发生？ 发生事故前，你采取了何种措施？ 请你说明一下事故发生时造成的车辆损坏部位。 你是如何发现汽车起火的？汽车起火时，方向是怎么样的？汽车起火时，你采取了什么措施？ 汽车起火时，你最先打的是什么电话？
标的车进厂修理期间出险现场	驾驶人多为修理厂工作人员； 　除了现场碰撞痕迹外，还有其他修理期间出险的特征或者二次碰撞发生的痕迹； 　驾驶人刻意隐瞒修车事实	这辆车的车主是谁？被保险人是谁？ 你与车主是何关系？他住哪里？房子布局什么样？配偶、孩子叫什么名字？ 你与被保险人是何关系？他住哪里？房子布局怎么样？配偶、孩子叫什么名字？ 这辆车为何由你驾驶？车主允许你驾驶这辆车出厂吗？这辆车是什么原因送厂维修的？这辆车是何时进厂维修的？ 该次事故发生前，这辆车修理情况怎么样？维修费是多少？

8.5 汽车保险欺诈的预防

面对汽车保险欺诈日益增多的客观现实,保险公司应该认真分析其产生原因,根据各类骗保案的不同特点,采取一系列的综合预防治理方式,遏制汽车保险欺诈现象的蔓延。

追究保险欺诈者的法律责任,只是一种对保险违法行为的事后处理手段,而开展针对保险欺诈的对策研究,则是种事前的防范,两者相辅相成。

对保险诈骗犯罪的预防是一项系统工程,需要社会的有关方面提高认识,密切配合,切实采取有力措施,堵塞漏洞,消除各种诱发犯罪因素,抑制诈骗案件的发生,把发案率降到最低点。

8.5.1 宣传引导争取全社会理解

保险欺诈之所以能频繁发生,主要原因还是公众对保险的认识不足,许多人认为自己的保险到期之后没有获得赔付,吃亏了,想方设法获得额外利益。

对此,保险公司应加大保险知识和相关法律、法规的宣传,增强全社会的保险意识和法治意识,正确认识保险的作用。让全社会的公民都能充分认识到保险是一种保障,而不是福利事业,减少对保险认识的误区,并自觉与违法行为做斗争,在社会上形成一个良好的经营环境。

另外,无论汽车保险欺诈行为多么隐蔽,都不可能躲过社会的监督。假如能发挥全社会的力量,全面收集相关信息,也许就会识破大多数的欺诈行为。为此,应调动公众的积极性,建立相关制度,如建立汽车保险欺诈举报制度,对揭发、检举欺诈行为的单位和个人,按挽回保险损失数额的一定比例给予奖励,这样,在公众的广泛监督下,保险欺诈行为就会成为众矢之的。

8.5.2 建立好保险公司内部防控

(1)加大汽车保险反欺诈工作的投入

保险公司要提高对反保险欺诈行为工作的认识,适当加大对反保险欺诈工作的投入,为反保险欺诈工作配备必要的人力和物力,同时注意对反保险政策的一些专门人才的培养。从国外保险业的经验看,起初的反欺诈投入最终可得到3~6倍的回报。

(2)加强风险评估,提高承保质量

风险防范需从承保抓起,提高承保质量可从几个方面展开:在验标与核保工作方面,在投保人提出投保申请后,保险公司应严格审查申请书中所填写的各项内容和与汽车有关的各种证明材料,必要时,应对标的进行详细调查,以避免保险欺诈的发生;在实务操作方面,应严格按照承保业务操作规程,对投保车辆进行风险评估。

(3)建立高水平理赔队伍

高素质的从业人员,是做好理赔工作、识别保险欺诈的基本条件。要求理赔人员必须及时了解和掌握新的技术、信息、修理工艺和方法,不能靠吃老本工作。对此,保险公司可以招聘一些车辆保险与理赔专业的高校毕业生从事车险理赔工作,同时,对公司老员工应经常进行新知识培训,从而保证拥有一支高水平的理赔队伍。

(4)加强查勘定损工作

加强查勘定损工作主要是加强第一现场查勘率,加快对索赔案件的反应速度。许多汽车保险欺诈案件,被保险人事先并未进行充分准备,理赔人员的迅速反应,可以揭穿一些欺诈案件。

(5)完善内部监控机制

1)保险公司要对所有员工加强思想教育,增强风险意识,把防范和化解风险作为公司生存和发展的根本所在。

2)保险公司内部要建立承保核审制度,对所要承揽的业务要按程序对风险进行多次识别、评估和筛选,以便有效控制责任,确保承保质量。

3)保险公司还要建立规范的理赔制度,实行接案人、定损人、理算人、审核人、审批人分离制度和现场勘查的双人制度,人人把关,各司其职,互相监督,严格防范,以确保理赔质量。同时在理赔工作中,如若发生以赔谋私或内外勾结欺诈,必须严肃处理。

(6)对查勘定损人员实施"拒赔奖励"制度

绝大多数的汽车保险欺诈,是由查勘定损人员识别的。除了对这部分人员进行思想教育外,还可推行"拒赔奖励"制度。每当他们拒绝一起案件时,可以按照"从案""从值"和"从案从值"三种模式进行奖励,其中,"从案从值"模式是指在每件拒赔案例给予定额奖励的基础上,再根据拒赔额的高低给予比例奖励。

8.5.3 保险公司加强与相关部门的合作

(1)加强和政法部门合作

对汽车保险的欺诈骗赔案件一旦发现,保险公司应依托行政、政法部门,依法追究其责任,绝不姑息迁就。要充分发挥法律法规的作用,违反法律法规应负行政责任的,配合有关行政部门给予处理;构成犯罪的,将其绳之以法。

(2)加强和司法鉴定部门合作

发挥各特长,用科学证据充分揭露汽车保险欺诈行为。

(3)加强和警方合作

针对一些可疑的索赔案,可借助警方刑事侦查优势,有效识别。

(4)加强行业合作

各保险公司应在不泄漏商业的前提下,进行反欺诈合作。也可实现信息共享,以便查看在投保阶段是否存在重复保险;在理赔阶段是否存在多次索赔。

8.5.4 规避来自汽车修理厂的保险欺诈

汽车发生事故后,总是要通过汽车修理厂去"恢复至事故发生前状态",但是,个别汽车修理厂在利益驱动下,会想方设法谋取不当得利,如扩大、夸大汽车损失程度,将一些本应该修复的零部件故意说成无法修复,夸大作业修理量,等等。

为了有效规避来自汽车修理的道德风险,可以采取以下措施。

(1)车主自行索赔

目前,许多规模较大的汽车4S店、汽车修理厂都在代办汽车保险,同时也代车主办理向保险合同索赔的事宜。有个别汽车修理厂,等车主将微小损坏的汽车交给他们升为索赔以后,却故意再次碰撞汽车,扩大损坏程度,并以扩大了损坏程度的汽车向保险公司索赔。如果实行车主自行索赔制度,可以有效避免这一现象的发生。

(2) 定损人员应掌握汽车维修工艺并了解当地维修情况

如局部破损、前照灯的划磨、铝合金发动机罩的变形、风窗玻璃裂纹等,许多汽车修理厂明明拥有维修的能力,也故意说是无法修复,只能更换。这就需要定损人员了解当地的汽车维修情况,知道在哪个修理厂可以进行相关维修。

(3) 尽量减少维修换件时的道德风险

1) 尽量减少"待查项目"。一些从事故车上拆下来的零件,用肉眼和经验一时无法判断其是否受损、是否达到需要更换的程度,如转向节、悬架臂、副梁等,在这种情况下,定损人员一般将其作为"待查项目"。

为了抵御道德风险,应该认真检验车辆上可能受损的零部件,尽量减少"待查项目"。例如,发电机在受碰撞后经常会造成散热叶轮、带轮变形,它们变形后旋转时,很容易产生发电机轴弯曲的错觉。实际上,轴到底弯没弯、径向圆跳动量是多少,只要做一个小小的实验即可:取一根细金属丝,一端固定在发电机机身上,另一端弯曲后指向发电机前端轴心,旋转发电机,观察金属丝一端与轴心的间隙变化,即发电机轴的径向圆跳动量,弯曲程度一目了然。用这种方法,可解决空调压缩机、转向助力泵、水泵等类似问题。

2) 拍照备查。对于暂时无法确定损坏程度、确实需要更换的零件,查勘定损人员要在其上做记号,并拍照备查,同时告知被保险人和承修的汽车修理厂。一旦对方在维修时进行了更换,应拿出做了记号的零件作证。

3) 参与验收。车辆初步修理后,保险公司的理赔定损人员,必须参与对"待查项目"的检验、调试、确认等全过程。例如,转向节待查,汽车经过初步的车身修理,安装上悬架等零部件后做四轮定位检验,假如四轮定位检验不合格,并超过调整极限,修理厂会提出要求更换转向节,于是保险公司的理赔定损人员一般也会同意更换转向节。至于更换转向节后四轮定位检验是否合格,是否是汽车车身校正不到位等其他原因,保险公司的理赔定损人员往往不再深究。实际上,四轮定位不合格完全可能是车身校正不到位等其他原因引起的,无须更换转向节。

4) 取走损坏件。如果"待查项目"确实损坏需要更换,保险公司的理赔人员必须将做有记号的"待查项目"零件从汽车修理厂带回,以免汽车修理厂将原本完好的"待查项目"零件留待下一次修理时更换使用。

用上述方法解决"待查项目"的问题,汽车修理厂将无法获得额外利益,遵循了财产保险的补偿原则,最大限度地杜绝了"待查项目"中的道德风险。

作业与思考

1. 利用前几章知识,基于某一起事故分析,评估欺诈风险。
2. 利用前述知识,综合分析证据之间的关联。
3. 运用汽车相关基础和工程力学知识,进行简单事故的分析与鉴定。

参 考 文 献

[1] 李景芝,赵长利.汽车保险理赔[M].2版.北京:机械工业出版社,2012.

[2] 张红英.事故查勘与定损[M].北京:机械工业出版社,2015.

[3] 公安部道路交通管理标准化技术委员会,公安部交通管理科学研究所.机动车运行安全技术条件:GB 7258—2017[S].北京:中国标准出版社,2017.

[4] 中华人民共和国国家质量监督检验检疫总局,中国国家标准化管理委员会.汽车修理质量检查评定方法:GB/T 15746—2011[S].北京:中国标准出版社,2011.

[5] 鲁植雄.汽车事故鉴定学[M].北京:机械工业出版社,2019.

[6] 中华人民共和国公安部.交通事故案卷文书:GA 40—2004[S].北京:中国标准出版社,2004.

[7] 中华人民共和国公安部.道路交通事故痕迹物证勘验:GA 41—2014[S].北京:中国标准出版社,2014.

[8] 白建伟,吴友生.汽车碰撞分析与估损[M].2版.北京:机械工业出版社,2019.